ちくま新書

リサーチ・クエスチョンとは何か？

佐藤郁哉
Sato Ikuya

1826

リサーチ・クエスチョンとは何か?【目次】

イラスト＝宇田川由美子

はじめに――「リサーチ・クエスチョン」をめぐる不都合な真実

英国の社会学者パトリック・ホワイトが『リサーチ・クエスチョンの作り方――社会科学者のためのガイドブック』という画期的な解説書を上梓したのは、二〇〇九年のことでした。それから八年後にホワイトはある論文で、その時点でもなおリサーチ・クエスチョンは「**部屋の中の象**」のような存在にとどまっていると指摘しています。[1]

部屋の中の象（the elephant in the room）というのは英語の慣用句であり、その意味は〈皆がその存在を認識していながら見て見ぬフリをする不都合な真実〉というものです。

ホワイトによれば、リサーチ・クエスチョンについて書かれた本格的な解説書は従来きわめて少なく、研究方法論一般について扱っている教科書でさえ、リサーチ・クエスチョンをめぐる問題について深く掘り下げて解説したものは皆無に近かったというのです。また、ベストセラーになった教科書の場合であっても、その索引に「リサーチ・クエスチョン」という項目を設けている例は非常に稀だったとされます。

実際、それらの教科書や解説書では、〈そもそもリサーチ・クエスチョンとはどのよう

リサーチ・クエスチョン＝「部屋の中の象」？

なものであるか〉という点についてほとんど何の解説を加えることもなく、いきなりリサーチ・クエスチョンが備えるべき条件などに関する解説を始めている例が少なくありません。つまり、その種の文献は、肝心の「リサーチ・クエスチョンとは何か？」という「問いについての問い」に対してまともに答えることなく解説をおこなっているのです。

さらに不思議なことには、What is a research question? (ないしWhat are research questions?) という見出しの節やコラムを設けているにもかかわらず、そのセクションではリサーチ・クエスチョンについての明確な定義が示されていない例さえあります。それらの解説書や教科書がその代わりに何をしているかというと、やはり他の文献の場合と同じように、研究や論文の中でリサーチ・クエスチョンが果たす役割について論じたり、あるいは、研究上の問いを明確にしていく際の注意点などについて述べているだけなのです。

こうしてみると、どうやら、「リサーチ・クエスチョン」というのは、特に改めて定義しておく必要すらない自明の事柄であるように思えてきます。ところが、実際に研究法に関する解説書や教科書に目を通してみると、リサーチ・クエスチョンという言葉で呼ばれている対象が実に多様であり、しかもそれらさまざまな用語のあいだには相互に食い違いがある場合が少なくないことが分かります。

例えば、ある教科書では、主に論文の序論の部分で「研究課題」や「研究テーマ」などとして述べられている問いに限定して、それをリサーチ・クエスチョンと呼んでいます。一方、具体的な個々の調査課題に即して設定される問いをリサーチ・クエスチョンという用語で説明している解説書もあります。また別の文献では、それら二種類の問い（つまり論文上に明記された問いと調査課題）を特に区別せずに、いわば一緒くたにしてリサーチ・クエスチョンという言葉を使って言及しています。さらに、中には、「仮説は一種のリサーチ・クエスチョンである」と述べている文献さえあります。普通の感覚で言えば、仮説は何らかの問いに対する「（仮の）答え」ということになるはずです。ところが、それらの文献では、どうやら「答え自体が問い」つまり「答え＝問い」ということになってしまっているらしいのです。

こうしてみると、リサーチ・クエスチョンは、どうにも不可解で（あえて少し極端な表現を使えば）正体不明なものであるように思えます。また、その正体不明のリサーチ・クエスチョンをめぐって何かとてつもなくオカシナことが起きているようにさえ思えてきます。

もっとも、そのような状況はこの一〇年ほどのあいだに少しずつ変わってきています。

例えば、一〇数年前まではリサーチ・クエスチョンを専門に扱った本は数点があるのみでした。それが現在では、海外で出版された書籍の場合、Research Questionをタイトルや副題に含む書籍は三〇点近くに及びます（Amazon.comでの検索結果）。このようにまだそれほど点数が多いというわけでもありませんが、その中には、全体の字数で換算してみると数十ページ程度にしかならない簡便な入門書から、特定分野の研究動向を踏まえて研究者向けのリサーチ・クエスチョンを列挙した九〇〇ページ近くに及ぶ大部の専門書など、実に多様なタイプの書籍が含まれています。

日本でも、「リサーチ・クエスチョン」を題名に含む解説書や訳本が登場してきています。また、研究上の問いに限定されているというわけではありませんが、問いの立て方や設定法、あるいは物事を「問う」行為の本質的な意味と性格について扱った書籍などが相次いで出版されるようになってきました。これらの文献を通してリサーチ・クエスチョンの性格ないし、その「正体」は少しずつ明らかになってきていると言えます。

もっとも、それら比較的最近の解説書も含めて、リサーチ・クエスチョンについての解説は発展途上の段階にあり、未だに議論が尽くされていない点がかなりあります。わたしが特に物足りなさを感じているのは、調査の初期段階で研究上の問いを設定し、それを最終的に論文上でリサーチ・クエスチョンとして発表するまでの過程で繰り返される試行錯誤に関する解説がきわめて不十分である、という点です。

教科書や解説書の中には、テーマ設定のプロセスにおける問いの改訂作業の手順やポイントについてかなり詳しく解説している例もあります。しかし、そのほとんどは、調査の初期段階の「テーマ決め」の段階での試行錯誤について扱っているだけです。したがって、それらの解説書を読むと、その手続きさえ終わってしまえば、「あとは、一度決めたテーマに沿ってデータを収集・分析した上で報告書を書き上げるだけ」という風に思えてきます。

しかし実際には、まさに論文や報告書を執筆していく作業の中でリサーチ・クエスチョンが大幅に変わってしまうことは少なくありません。つまり、〈最後の最後になってようやくリサーチ・クエスチョンをまとまった文章の形式で書き上げることができた〉ということも珍しくないのです。しかも、そのような試行錯誤や紆余曲折を経ておこなわれた研究とそれを元にして書かれた論文こそが、本当の意味で面白い（英語で言えばThat's interesting!）ものになることが多いのです。

以上のような点を踏まえて、この本では、特に、初期段階だけでなく調査研究におけるほとんど全ての過程を通しておこなわれるリサーチ・クエスチョンの作り方と作り直し方、つまり「育て方」に焦点を絞って解説していくことにしました。本書の読者としては、主に、卒業論文や修士論文を作成する作業の一環として初めて調査研究をおこなう人々を想定しています。それらの人々が、調査研究の作業を進めていく中で、「問いの立て方」に関してとまどいを覚えたり行き詰まりを感じた際に、この小さな本が何らかの解決の糸口になるようなことがあったとしたら、著者としてこれ以上の喜びはありません。（なお、問いを「立てる」という言い回しに含まれる問題点については、第1章で改めて解説します。）

序章

論文のペテン（詐術）から学ぶリサーチ・クエスチョンの育て方

†初学者を惑わす「論文のペテン」

ピーター・メダワー卿は免疫学分野における傑出した業績で一九六〇年にノーベル生理学・医学賞を受賞した英国の生物学者です。名文家としても知られ、専門分野の研究論文以外にも数々の著作があります（そのうち四点が邦訳されています）。そのメダワーは、「科学論文はペテンか？」という刺激的な題名のエッセイで、次のように述べています。

科学論文は一種のペテンである。というのも、論文の多くは科学的発見がなされていくまでの現実の思考プロセスについて理解しようとする際にとんでもない誤解をしてしまいかねない筋立てになっているからである。[1]

ペテン（fraud）というのは、少しばかり言い過ぎかも知れません。しかし、たしかにメダワーが指摘したように、典型的な研究論文の構成には、研究における実際の手順や経緯に関する各種の重大な誤解を招きかねない特徴が幾つかあります。その中でも最も深刻なのは、リサーチ・クエスチョン、つまり研究上の問いが担う役割や位置づけに関する誤解です。その誤解は、特に、初めて社会調査をおこなってその成果を卒業論文や修士論文にまとめようとしている初学者にとって切実で深刻な問題になります。

†論本の基本型

社会調査のような実証系の論文の場合には、メダワーが一種のペテンだとしている研究論文は、大体次のような、「**序論・方法・結果・考察**」あるいは「**問題／目的・方法・結果・考察**」などと呼ばれる形式をとります。

導入部である**序論**では、研究対象となる**問題**の概要とその背景について解説し、また、先行研究を中心とする文献レビューを前提として、論文が目指す主な**目的**をリサーチ・クエスチョン（研究上の問い）や仮説（仮の答え）などの形で提示する。次に続く部分では、実際の調査研究でデータの収集・分析のために採用された**方法**（調査技法）に関する解説をおこなう。そのデータ分析の**結果**を踏まえてリサーチ・クエスチョンに対する最終的な答えが**考察**として提示される。また、その答えに含まれている理論的・実践的意義について説明や残された課題および今後の調査研究に関する展望が示される。

論文の書き方や研究法について扱った教科書やマニュアル、あるいはウェブ上の記事などでも、多くの場合は、このような構成が基本的な「型」として推奨されています。この型には幾つかバリエーションも存在します。また、論文の幾つかの構成要素＝「パーツ」をどう呼ぶかという点やそれぞれのパーツにどのような項目を含めるかについても見解の違いがあったりします。

例えば右の「序論」は「はじめに」というタイトルになることも多いですし、同じような研究対象を取り上げた先行研究だけでなく、より一般的な理論的枠組みについて「理論的背景」などとして別途解説する場合もあります。また、「考察」の次に「結論」という項目を追加する場合も少なくありません。[2] さらに、リサーチ・クエスチョンが明示されずに、仮説（命題）の中に研究上の問いが暗黙の前提として含まれている例もかなり見受けられます。（このような傾向の問題点については、第1章で改めて解説します。）

しかし、それらのバリエーションも含めて、実証系の論文の多くは、大筋では右の囲み部分と同じような筋立てになっていると考えることができます[3]（「実証系」ないし「実証研究」という言葉の意味については第1章のコラムで改めて解説します）。

ちなみに、最近では、英語圏の教科書にならって、IMRADという略称を使って論文の基本的な構成について説明する例が増えています。IMRADというのは、論文の主な構成要素を「Introduction、Methods（Materials and Methodsとも）、Results、And、Discussion」という順番で並べた際の、それぞれの言葉の頭文字からきています。それぞれの要素と「序論・方法・結果・考察」は次のように対応しており、両者のあいだに特に目立った違いはありません（IMRADについては、第五章で改めて詳しく解説します）。

Introduction—序論、Methods—方法、Results—結果、Discussion—考察

†「型」の矛盾が引き起こしてきた混乱

IMRADという略称を使う場合にせよ「序論・方法・結果・考察」と呼ぶにせよ、実証系の研究論文の「型」だけに囚われていると、現実におこなわれる社会調査のプロセスの本質的な部分を見誤ってしまう可能性があります。特に深刻な問題は、これらの型だけで判断すると、〈社会調査は、最初から明確な形でリサーチ・クエスチョンが整理された上で一連の作業が開始されるものだ〉と思い込んでしまいかねない、という点です。

実際、先に挙げた囲みの部分に書かれてある内容を見る限り、調査研究というのは、〈文献レビューとリサーチ・クエスチョンから仮説が導き出され、それが実証研究を経て検証されていく〉という直線的(リニア)なプロセスをたどっていくものだと思えてきます。このような論文の構成は、日常生活における通念である「問い→問いを解くための手続き→答え」(あるいは「問題→問題解決作業→解決策」)という手順とも整合的です。その点では、非常に分かりやすい筋立てだと言えます。

もっとも、その一方で、この「はじめに問い(問題)ありき」ということを前提とする論文の構成には、実際の調査プロセスとは、かなりかけ離れたところがあります。例えば、卒業論文や修士論文などを書くために一度でも調査をしたことがある人たちの中には、初期の段階で次のような悩みを持った人も多いことでしょう。

・テーマがなかなか決まらない
・いったん有望なテーマだと思ったのだけど、ゼミの仲間や先生から「ダメ出し」を受けて一からやり直さなければならなくなった
・うまくいきそうなリサーチ・クエスチョンを立てて資料を集めてみたのだけれど、モノになりそうにないので、大幅に方向転換することになった

また、何とかしてテーマやリサーチ・クエスチョンを決めることが出来て調査が開始され、データの収集と分析の作業がとりあえず終えられたものの、その次の段階では、別の悩みを抱えることになってしまう例が少なくありません。いざ論文をまとめようとする段階になって、調査で得られた情報や分析結果が初めに設定した研究テーマやリサーチ・クエスチョンとはかけ離れたものになっている、という事実に気づくことも稀ではないのです。

そのような場合、どうすれば論文がまとめられるか見当もつかず四苦八苦することになります。しかし、たとえそのような場合であっても、最終的に調査結果を文章としてまとめて発表する際には、まるで最初からリサーチ・クエスチョンがきれいに整理できていたかのように書くことが少なくありません。というのも、それが、論文というものの作法な

いし「お約束」になっているからです。しかし、その種の約束事に従った結果として、論文を書いてしまってから後ろめたさを覚えてしまうことも珍しくありません。

要するに、**実際の調査プロセスと典型的な論文の「型」とのあいだには明らかなギャップがある場合**が少なくないのです。その意味では、たしかにメダワーが言うとおり、論文というのは一種の「ペテン」だと言えるでしょう。

†ペテンのからくり――経緯報告の皮を被った結果報告

第4章で改めて詳しく説明しますが、以上のようなギャップが生じてくるのは、論文というものが、次のような二つの役割を担っているからに他なりません。

①結果報告――調査で得られた最終的な結論（問いに対する答えのエッセンス）を、読者にとって分かりやすい形で報告する

②経緯報告――実際の調査の経緯（問いに対する答えが得られるまでの過程）について正確に報告することによって説明責任を果たす

つまり、論文や調査報告書には、「調査結果報告」と「調査経緯報告」という二つの顔

があるのです。両方とも、調査レポートが学術的な発想を踏まえた論文として成立するためには不可欠の条件です。しかし、この二つの性格のあいだには本質的な矛盾も存在します。なぜならば、社会調査には試行錯誤や紆余曲折がつきものだからです。

こうしてみると、先に述べた矛盾や混乱は、論文というリニアな「型枠」の中にノン・リニア（非直線的）な経緯を経て達成されることが多い研究成果を押し込まなければならないことに起因していることが分かります。

その意味では、世の中の論文の多くはフィクションなのです。事実とは違うという意味では、一種の「ウソ」に他なりません。メダワーの言葉を借りればペテンだとさえ言えます。ただし、そのウソやペテンは明らかな研究不正でもなければ、読者をだまして不当な利益を得ることなどが目的ではありません。むしろ、調査結果という真実を効率的に伝えるためにあえてウソをついているのです。

コラム　正真正銘のペテンと「ジャーナル点数主義」

当然ですが、ここで取り上げている「論文のペテン」は、正真正銘のペテン、つまり研究不正（データの捏造や改竄、他人の文献からの盗用など）とは基本的に別物です。もっとも、そのような明白な不正以外にも、グレーゾーンのQRPs（Questionable Research Practices——疑わしい研究行為）が、「（超）一流誌」を含む学術誌に掲載された論文にも横行しているという事実はよく知られています。その中には、例えば、統計学の初級入門書であっても必ず書いてあるはずの基本的なルールや条件（サンプルサイズ、回収率、有意水準等）を意図的に無視している例があります。それに加えて、使用されたデータセットが非公開にされているために、第三者による追試や再検証が不可能になっている例も（特に社会科学の場合には）珍しくはありません。

また、営利出版社が運営する学術誌とその編集委員会は、外部から問題が指摘された論文に関して再検証や撤回を頑なに拒み続けることがあります。『ネイチャー』などは、告発者を「自称自警団」と呼ぶような「逆ギレ」気味の論説を掲載したことすらあったそうです。[4]

これらの問題やその背景については、最近邦訳が出た『経営学の危機』（邦訳・白桃書房）および『*Science Fictions* あなたが知らない科学の真実』（邦訳・ダイヤモンド社）が参考になります。また、医学・生命科学の領域の問題を扱った『生命科学クライシス　新薬開発の危ない現場』（邦訳・白揚社）などを読むと、わたしたち自身の命と健康に関わる深刻な問題であるだけに、ほとんどホラーストーリーのようにさえ思えてきます。

研究不正やQRPsの重要な背景の一つとしては、学術界の一部に蔓延する「キャリアアップのためには、内容や質はともかく論文の本数をとりあえず『稼ぐ』ことが先決だ」とするような風潮が挙げられます。そのような「ジャーナル点数主義」とでも呼べる傾向に対して歯止めをかけるために、さまざまな改善策が提案されてきました。本書で解説しているリサーチ・クエスチョンに関する見直しもまた、そのような改善策の一つになり得ると思われます。

†型の矛盾を手がかりにして「筋の良い」リサーチ・クエスチョンについて考える

その点からすれば、論文の著者にとって不可欠な修業の一つは「上手なウソのつきかた」を身につけることだと言えます。もう少し穏当な表現で言えば、一定の型に沿ったストーリーの作り方を学ぶための修業、ということにでもなるでしょうか。実際、これは、調査結果を効率的かつ効果的に伝える上では非常に重要な意味がある修業なのです。初学者の場合には、まずそのような「型」の学習から始めるべきだとすら言えます。

しかし、その一方で、もっぱら型をおぼえることだけに専念していると、論文がひどくツマラない「型どおり」のものになってしまう可能性があります。というのも、「序論・方法・結果・考察」ないしIMRADという型枠にうまく納められそうな研究対象やリサーチ・クエスチョンだけに目が行きがちになってしまうからです。そのような、文字通り「型にはまった」研究スタイルを続けていれば、論文を手際よく量産できるようになるかも知れません。しかし、それだけでは、あまり面白い研究は期待できないのです。

実際、エキサイティングで革新的な研究というのは、むしろその種の枠からはみ出した研究活動を通して得られる斬新なリサーチ・クエスチョンや思いがけない発見事実から生まれてくる例が多いのです。これに関しては、「セレンディピティ（掘り起こし）」という言葉があります。比較的よく知られているように、自然科学における偉大な発見の中には、セレンディピティ、つまり、予想外のデータや発見事実から示唆される情報を見逃すことなく、深く掘り下げて検討することによって生まれてきたものが少なくありません。社会科学の分野でも、セレンディピティ型の実証研究は理論面での数々のブレークスルーを生み出してきました。

もっとも、実は、最終的には基本型に沿った論文を書くことを目指している場合でも、その型通りの論文を仕上げていく過程で、リサーチ・クエスチョンに関わる試行錯誤や「右往左往」のプロセスを生かしていくことが重要なポイントになる場合が少なくないのです。また、それによって初学者が持ちがちな悩みや戸惑いを軽減していくことも出来るはずです。その点を踏まえて、この本では、もっぱら、型に沿った調査研究をおこなう上での「筋の良い」リサーチ・クエスチョンの作り方と育て方について解説します。しかし、最終章では、その型からはみ出していく上での手がかりについても触れるつもりです。

効率的で効果的な論文の型のメリットを生かしつつ、他方では、セレンディピティを追求できるような余地を残しておくことは、一つの理想的な方向性だと言えます。もっとも、そのような「いいとこ取り」は、ある意味で欲張りすぎであり、また実際問題としてかなり難しいところもあります。しかし、何らかの意味で面白い研究を目指す場合には、そのような方向性についても掘り下げて考えてみる必要があることは確かでしょう。

†本書の構成

以下この本の第1章から第6章までの解説は、「研究上の問い」をめぐる次の六つの問いを中心にして展開していきます。

第1章　リサーチ・クエスチョンとは何か？
第2章　何について問うのか？

第3章　そもそも何のために問うのか？
第4章　なぜ、実際の調査と論文のあいだにはギャップがあるのか？
第5章　どうすれば、より明確な答えが求められるようになるか？
第6章　もう一歩先へ進んでいくためには？

第1章では、少し回り道になりますが、この本における主な解説対象である「リサーチ・クエスチョン」を定義した上で、その基本的な性格について説明します。本書ではリサーチ・クエスチョンという用語を次のように定義します――**社会科学系の実証研究のさまざまな段階で設定される研究上の問いを疑問文形式の簡潔な文章で表現したもの**。リサーチ・クエスチョンに類似した言葉には「研究テーマ」や「問題意識」、「調査課題」などさまざまなものがあります。この本では、幾つかの理由から主に疑問文形式の簡潔な文章をリサーチ・クエスチョンとして扱います。また、解説の範囲を明確にするために、社会科学系の実証研究、つまりデータや資料をもとにして一定の答えや結論を出すことが出来る調査研究に限定して説明していきます。（もっとも、この本の解説内容の多くは理論研究や人文学系の分野の研究にも応用できるものだと思われます。）

第2章から第4章の各章の内容は、それぞれ何らかの点でリサーチ・クエスチョンのタイプ分けに関わるものです。
第2章では、まず、「問う内容」つまり「何について問うか？」という問いを中心にして、**2Wというタイプ分け**を提唱します。2Wというのは、What（［ある社会現象が］どうなっているのか？）とWhy（なぜ、そうなっているのか？）という二種類の問いの頭文字を組み合わせたものです。これら二つのタイプのリサーチ・クエスチョンは、それぞれ「実態把握のための問い」と「原因解明のための問い」と言い換えることも出来ます。あるいはもっと短かく、**記述の問いと説明の問い**と言うことも出来るでしょう。
ある種の解説書には、物事の説明こそが科学的研究の目指す目標であり、「単なる記述」には相対的に低い価値しかない、とするような主張が見られることがあります。第2章では、そのような見解は基本的な認識不足や単なる誤解に過ぎず、What（記述）とWhy（説明）は、調査研究の全過程を通して相互に繰り返し問われることによってはじめて意味と意義のある答えを導くものである、という点について強調します。
第3章で答えを求めようとするのは、「そもそも何のために問うのか？」、つまり問いの目的についての問いです。ここでは、問いの目的ないし調査研究における基本的な問題関心を「**個人的関心**」、「**社会の関心**」、「**学界の関心**」という三つに分類します。その上で、第2章で解説した2WにH（How to）、つまり「状況を改善するためには、どのようにしたら良いか?」という、改善提案に向けた問いを加えて、新たに**2W1H**というタイプ分けを提案します。

2W1Hというと、日本でも馴染みのある「5W1H」という疑問詞の組み合わせの方がより網羅的であり、また問いの分類法としては適切だと思われるかも知れません。実際、調査法の解説書などには、各種のリサーチ・クエスチョンの本質的な性格について考えていく際の手がかりとして5W1Hを挙げている例もあります。しかし、わたしは、2W1Hの方が、もっとスッキリした形で実証研究における複数の問いの性格を理解し、またそれら種類の異なる問いを組み合わせて研究を進めていくことの意義について把握する上で有効である、と考えています。

第3章の後半では、その点を踏まえた上で、実態把握のための問い(What)と原因解明のための問い(Why)を繰り返すことを通してはじめて、状況改善に向けた問い(How to)に対する答えが真に実効性があるものになるはずだ、という点について解説していきます。

第4章では、「論文のペテン」について改めて詳しく解説します。その上で、その「ペテンのからくり」にも深く関わる、**「論文上のリサーチ・クエスチョン 対 調査研究に関わる一連の作業を進めていく中で設定されるリサーチ・クエスチョン」という区分と「問いの**

包括性」に関する区分という軸を組み合わせて、研究上の問いを四つのタイプに分類します。

最終的に発表される論文や報告書で提示される研究上の問いは、いわば「完成品」としてのリサーチ・クエスチョンです。それに対して、実際に調査研究をおこなっていく中では、研究の基本方針が変わっていくことがあります。また、個別の調査課題に即して問いを新たに設定したり、それを臨機応変に変えていったりすることも特に珍しくはありません。このように調査研究の最中に設定される各種の問いは、いわば「仕掛品《しかかりひん》」のリサーチ・クエスチョンだと言えます。これら二種類の問いを区別しておくことは、セレンディピティ的な思いがけない発見あるいは調査の実体験を通して得られたインスピレーションなどを研究に生かしていくためには不可欠の前提条件になることが少なくありません。

一方で、調査研究を進めていく際には、作業全体の全体的な方向性を定める包括的な問いだけでなく、個別具体的な調査課題に即した問いを設定していく必要があります。このうち、全体的な方向性を示す包括的な問いを**メインクエスチョン**、一方で、個別具体的な問いについては**サブクエスチョン**と呼ぶことがよくあります。第4章では、調査研究をおこなっていく際には、包括的で全体的な問題関心ないし問題意識とでも言うべきメインクエスチョンを具体的な調査課題や事例に則した幾つかのサブクエスチョンに分割していくことが重要な作業内容になる、という点について指摘します。

第5章では、「筋の良い問い」にとって重要な意味を持つ条件の一つとして、第4章でふれた「問いの分割」ないし「**絞り込み**」の作業についてさらに詳しく解説します。

ここではまず、リサーチ・クエスチョンが筋の良いものになるための条件として、①意義（問うこと自体に何らかの意味がある）、②実践可能性（データや資料によって答えを求めることが出来る）、③実行可能性（手持ちの資源で調査が出来る）という三つを挙げ、それぞれの条件について簡単に解説しておきます。その上で、特に三番目の「実行可能性」という条件を満たすために不可欠となる、問いの範囲を限定して絞り込んでいく手続きに焦点を当てて見ていきます。

その絞り込みに関して、本書では**対象と視点という二つの軸**を提案します。一つ目は、研究対象として取り上げる事例を絞り込んでいく作業の軸です。二つ目は、それらの研究対象を把握する上での分析の枠組みないし視点を絞り込む作業に関わる軸です。これら二種類の絞り込みの作業を通して、包括的で抽象的なリサーチ・クエスチョンは、実際に収集したデータや資料によって、より確実な答えを出すことが出来る具体的なレベルの問い、つまり個別のサブクエスチョンに言い換えられていくことになります。

もっとも、サブクエスチョンに対する答えを追求するだけでは、個別事例や特定の調査対象の姿を明らかにできたとしても全体像（大局観）が見えてこないという可能性も出てきます。つまり「木を見て森を見ず」という事態になりかねないのです。他方で、メインクエスチョンないし一般論のレベルに留まっている限りは、全体的な傾向はある程度把握できたとしても、具体的な事例の事情が理解できなくなってしまいます。この場合は、「森を見て木を見ず」という結果に終わるでしょう。

ここで大切になってくるのは、個別の事例レベルの情報と全体的な傾向やパターンに関する情報の双方に目配りした、いわば複眼的な視点で検討を進めていく発想です。第6章では、この点について「事例について知ること」と「事例を通して知ること」の関係という観点から解説します。

第6章では、さらに、対象と視点を絞り込むだけではなく、むしろ逆に広げていくようなサブクエスチョンを設定することによって、リサーチ・クエスチョンそれ自体を大幅に改訂ないし再構築していく可能性について触れます。このような事柄は、入門的な解説書としての本書の守備範囲を超える内容でもあります。しかし、これは、調査研究と調査者が次のステージへと進んでいく上では重要な契機になり得るものだと言えるでしょう。

第1章

定義する——リサーチ・クエスチョンとは何か？

1 Problem か Question か？

近年では海外でも日本の場合も、研究上の問いを示す言葉として「リサーチ・クエスチョン（research question）」を使用することが一般的になっています（「クエッ、ション」という表記については、本章の注5参照）。しかし、以前は必ずしもそうではありませんでした。

例えば、少なくとも英語圏ではある時期までは、research problem が research question と同じくらい、場合によってはそれ以上の頻度で使われていたのです。

それを見て取れるのが、図1‐1です。

この図は、オンライン上のサービスである Google Books Ngram Viewer を利用して、

図1-1　Problem と Question の 100 年：1920-2019[1]

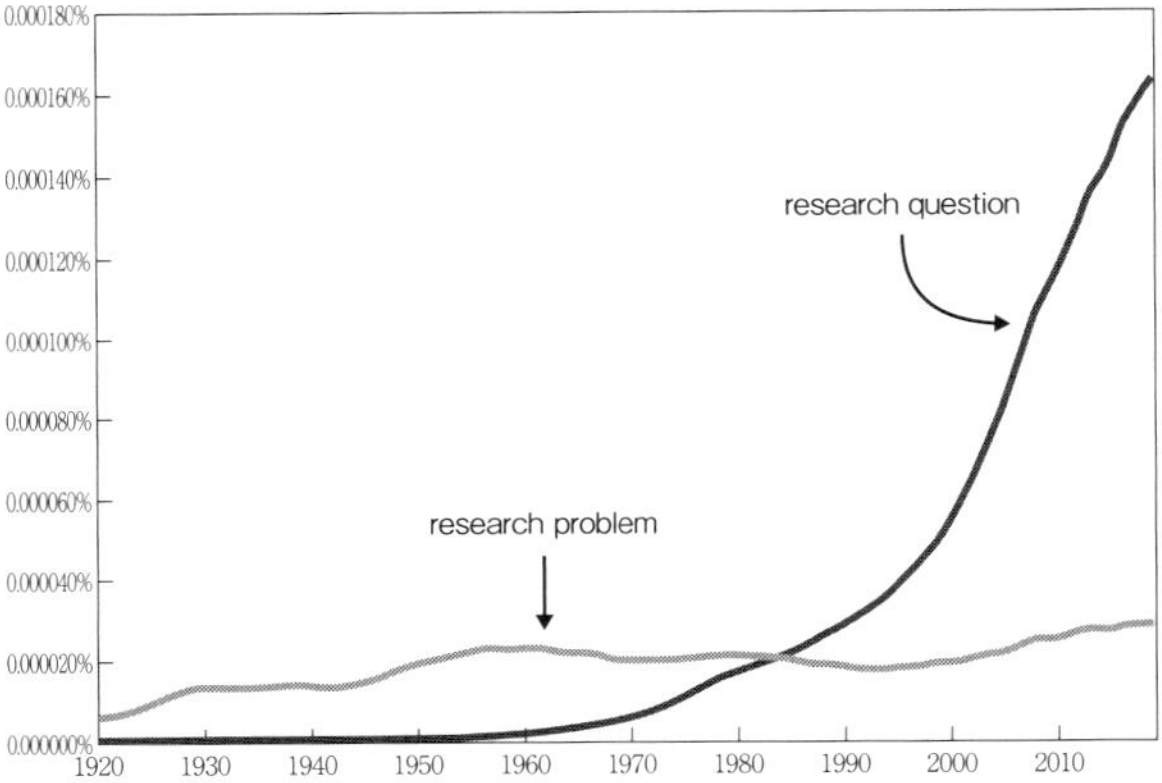

一九二〇年から二〇一九年までの一〇〇年間に刊行された英語の書籍における research problem と research question の出現頻度とそれらの推移を調べてみたものです[2]。

図1-1からは、一九八〇年代半ば以前はむしろ research problem の用例の方が research question よりも多かったものの、それ以降はむしろ research question が主流になっていることが窺えます。また、research question という二語の組み合わせは一九九〇年代半ばあたりから急激な増加傾向を示していることも分かります。同じような傾向は、Google Scholar の検索結果からも見て取れます。その結果からは、英語の学術文献における research question のヒット数は九四万三〇〇〇件であるのに対して、research problem の方は二八万九〇〇〇件と

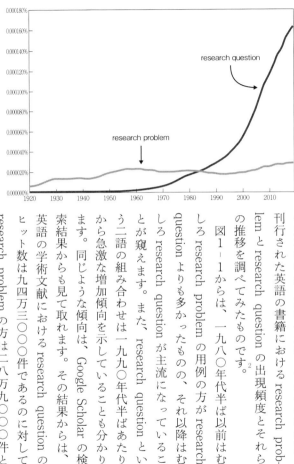

三分の一以下に過ぎないことが分かります[3]（二〇二四年四月二四日時点）。

同様の点は、日本語で書かれた学術文献についても指摘できます。研究上の問いを指す際に日本ではこれまでさまざまな言葉が使われてきました。「研究テーマ」や「（研究）課題」が代表的なものですが、それ以外にも例えば「問い」や「問題意識」などがあります。[4]あるいは、「問題（の所在）」などとする場合もあります。それに対して、近年は日本でも海外の場合と同じように「リサーチ・クエスチョン」を使う例が増えてきているのです。[5]

2 「リサーチ・クエスチョン」——本書における定義

†定義と実例

もっとも、日本でも海外でも「リサーチ・クエスチョン（research question）」という言葉については、さまざまな定義の仕方ないし用法があります。また、それら複数の定義や用法のあいだには混乱や混同も少なくありません。ここでは曖昧さを避け、また本書でおこなう解説の範囲を限定しておくために、リサーチ・クエスチョンを次のように定義しておきます。（表1－1には、この定義に合致すると思われるリサーチ・クエスチョンの作例を幾つか挙げておきました。なお、この表では主に研究全体の方向性を示す包括的な「なぜ（Why）」

の問いを挙げています。第2章以降では、他のタイプの問いについても順次解説していきます。）

【リサーチ・クエスチョン】社会調査（社会科学系の実証研究）①のさまざまな段階④で設定される研究上の課題や問いを疑問文形式②の簡潔な文章③で表現したもの

右の定義では、①実証研究のための問い、②疑問文形式、③簡潔な表現、④研究のさまざまな段階で設定される問い、という四点が重要なポイントになっています。本章の次節以降では、これら四つのポイントについて順を追って解説していきます。

なお、この本では、右に挙げたものこそがリサーチ・クエスチョンに関する「唯一正しい定義」あるいは「最も適切な定義」である、と主張しているわけではありません。そうではなくて、少なくとも本書でこれから解説していくようなタイプの社会調査の場合、実際に調査研究の作業を進めていく際には、このような定義に沿って設定された研究上の問いが有効であると考えているのです。

もちろん場合によっては、この定義と、読者の皆さんが企画している、あるいは現在まさに取り組んでいる研究（リサーチ）における問いのかたちや特徴とのあいだには、何らかのズレや食い違いがあるかも知れません。その場合は、本書における解説を一つの「た

表 1-1　リサーチ・クエスチョンの作例（包括的な「なぜ？」の問いの例）[6]

①なぜ、日本では新型コロナウイルス感染者数は世界的にみて桁違いに少なかったにもかかわらず、感染の波が来るたびに病床が逼迫し、その結果として必要な医療措置が受けられずに死亡したり、入院待機中に亡くなる自宅療養者が続出したりしたのか？

②なぜ、（ジョン・F・）ケネディ政権に参集した知識人たちは、最良にして最も聡明な人たちであると絶賛されながら、実際には多くの人々が南北戦争以来アメリカを襲った最大の悲劇として考えるベトナム戦争の生みの親でもあったのか？

③なぜ、日本の小学生の学力は1980年代から2000年代初めのあいだに、ほぼ一貫して低下傾向を示してきたのか？

④なぜ、日本のドラッグストア業界では、2000年代以降、売上高において下位の企業が首位企業の利益率を上回る状態が恒常的に続いているのか？

⑤なぜ、訪日外国人観光客は「日本らしさ」を求めているはずなのに、「チープな偽物」でしかない商品やサービスを増殖させることによって、結果としては日本の伝統文化や景観を毀損してしまうような観光公害をもたらしてきたのか？

たき台」――ないし「反面教師」――にして、自分自身の研究にとって最も相性が良いと思われるような、リサーチ・クエスチョンの定義や文章表現について考えてみると良いかも知れません。

†本書における定義の位置づけ

なお、少し不思議に思えるかも知れませんが、実は、調査法や研究法に関する解説書あるいはリサーチ・クエスチョンについて扱った論文の中で、「リサーチ・クエスチョン」という言葉に関する明確な定義を示した上で解説をおこなっている例はそれほど多くはありません。[7] これは

図1-2　「リサーチ・クエスチョン（研究上の問い）」に該当する種々様々な用語

リサーチ・クエスチョン（研究上の問い）

- 研究対象
- 目的
- 問題（問題の所在・問題関心・問題設定・問題意識等）
- 課題（研究課題・調査課題等）
- テーマ・研究テーマ
- トピック
- 問い（平叙文形式で疑問符無し）
- **＊問い（疑問文形式）→本書の定義**
- 仮説

恐らく、「研究テーマ（トピック）」や「課題」あるいは「問題関心」などという言葉で言及されてきた内容も含めて、かなり広い範囲の対象をリサーチ・クエスチョンという用語でとらえてきたことによると考えられます。

　中には問いというよりは、むしろ問いを設定すべき研究対象それ自体あるいは本来は問いに対する仮の答えであるはずの「仮説」をリサーチ・クエスチョンの一種として扱っている例さえあります[8]。

　ここで改めて、これまでリサーチ・クエスチョンと同じような意味で扱われてきた用語や言葉を挙げてみると、図1－2のようになります。

　これまでリサーチ・クエスチョンについて明確な定義を立てるのが困難だったのだとしたら、もしかしたら、それは、これだけの種々雑多な対象を明確に区別せずに「一緒くた」にして解説することが多かった、という理由によるのかも知れません。[9] なお、本書におけるリサーチ・クエスチョンの定義は、主として、図1-2で挙げた中でも＊印を付けゴシック体で示した、疑問文形式で表現された研究上の問いを指します。

コラム　上から目線の「調査」？

本書では research の訳語として「調査」ないし「調査研究」をあてています。もっとも、実は日本語の「調査」という言葉にはかなり厄介なところがあります。例えば、誰かに「あなたのことを調査させてください」と言われた場合のことを想像してみてください。聞いてきた相手が誰であっても、たいていの場合、あまり良い感じはしないでしょう。これは、調査という言葉それ自体に、「調査する側」―「調査される側」という不均等な（＝「上から目線」の）関係を暗示する意味内容が含まれているからに他なりません。実際、国語辞典における「調査」の定義を見ても、「取り調べ」というような意味が含まれています。また、その用例として「身辺調査」や「身元調査」などが挙げられています。

その点からしても、実際に調査研究をおこなう場合には、「調査」という言葉に含まれている、何らかの高圧的な取り調べを連想させる意味合いについては慎重な配慮が必要になります。特に、フィールドワークやインタビューなどのように、対象者の人々と直接的に接触するような作業を含む「調査」については、この点に注意しておく必要があります。つまり、調査現場において「上から目線で失礼な対応だ」と思われてしまうようなことが無いように配慮しなければならないのです。

3 社会調査における問い
——資料やデータを使って比較的明確な答えを求めることが出来る問い

†『リサーチの技法』の場合の「リサーチ」とは？

リサーチ・クエスチョンという用語もそうですが、「リサーチ（research）」という言葉自体にもさまざまな意味があります。例えば、文芸批評家で修辞学者のウェイン・ブースらによる『リサーチの技法』（邦訳・ソシム）は論文執筆法に関する定番的な教科書です。一九九五年に米国のシカゴ大学出版部から初版が刊行されて以来現在までに四版を数えています（二〇一八年に刊行された邦訳書は、その原著の第四版を底本にしています）。その中で、リサーチとして挙げられている例には、例えば次のようなものが含まれています。[10]

・自家用車の部品の入手先を電話帳で探す作業
・バスケットボール選手の誕生日についてウェブ検索をおこなう作業
・自転車のチェーンを交換してくれる自転車店を探す作業

これらの「リサーチ」は、いずれも、本書で想定している調査研究とはかなり性格が異なるものです。これは、『リサーチの技法』では「問題を解決するために問いに対する答えを求めて情報を収集すれば、それはリサーチをしていることになる」[11]としているからに他なりません。また同書でいうリサーチには、学術的なものだけでなく、政治的な問題やビジネスの実践に関わるトピックも含まれます。これらの場合の「リサーチ」には、日本語の感覚で言えば「調べ物」に近い意味があると言えるでしょう。

なお、『リサーチの技法』ではその主な読者として、「リサーチをおこなった上でレポートを作成する人々」を想定しています。ただし、同書で扱われている研究テーマは、社会科学だけでなく医学や物理学などの自然科学あるいは歴史研究など人文学系の対象も含まれています。同じような点は、最近刊行された『リサーチのはじめかた』(邦訳・筑摩書房)についても指摘できます。この解説書の場合も、扱われているリサーチのテーマには、歴史学や文学など人文学系の分野のものが含まれているのです。

†本書の場合──社会科学系のリサーチ（調査研究）

それに対して、本書がカバーする範囲はかなり限定されています。というのも、本書における解説は、各種の学術研究の中で提示される問いの中でも特に〈社会科学系の分野のリサーチ（調査研究）において設定される、資料やデータの分析を通して一定の答えを求めることが出来る問い〉に的を絞っているからです。

要するに、この本では、実証研究におけるリサーチ・クエスチョンを想定しているのです。したがって、ここでの解説には、理論研究で取り上げられる問いは含まれません。また、人文系の学術研究で設定される問いや哲学的な問いなども本稿でおこなう解説の範囲外ということになります。

もっとも当然ですが、そのようにして社会調査に限定した場合でも、その対象となる社会現象の範囲はかなり広いものになります。それは、表1－1に、新型コロナウイルス感染症に対する政府や行政の対応の問題点から特定の企業の利益率に至るまでさまざまな研究対象に関するリサーチ・クエスチョンの例が含まれていることからも明らかでしょう。

また、左にそのごく一部を示してみたように、社会調査の場合には、それら以外にも実に多様な対象が取り上げられる可能性があります。

・特定の時期の景気変動
・政権交代とその背景
・犯罪や非行の動向とその原因
・教育制度の変遷とその時代背景
・企業の経営戦略の巧拙
・エンタテインメント・ビジネスにおける芸能事務所の役割

「リサーチ・クエスチョン」という用語の意味内容を明確にしておくことは、このようなさまざまな対象に関する調査研究を実効性のあるものにしていく上でも重要な意味を持つと思われます。

コラム　実証研究≠実証主義的研究

本文でも述べている通り、この本では、資料やデータの分析を通して一定の答えを求めることが出来るようなタイプの調査研究を指して、それを「実証研究」と呼んでいます（その対義語の一つに、例えば「理論研究」があります）。したがって、ここで言う実証研究は、いわゆる「実証主義」的な世界観にもとづいておこなわれる研究よりも、はるかに広い範囲をカバーすることになります。また、分析対象になる資料やデータの中には、数量的なデータだけでなく、各種の文書資料や観察記録、あるいはインタビュー記録なども含まれます。

日本語にすると同じ「実証」という言葉が含まれることもあって少し紛らわしくなってしまうのですが、実証研究（empirical research）と実証主義的研究（positivistic research）はまったくの別物です。また、今では少数派になってしまいましたが、以前は、数式や数値データのみが客観的で科学的な唯一正しい知識を生み出す根拠になり得るという信念を持っている人々、つまり「ゴリゴリの」科学主義を信奉する実証主義者が一定数存在していたものでした。もっとも、現在でも、その種の世界観を無批判に受け入れて暗黙の前提にしており、その結果として、一種の「数値信仰」を背景とするナイーブ（無邪気）な実証主義的研究になっている例は決して少なくありません。[12]

4　疑問文形式——クエスチョンマークがついた文章

これまで何度か強調してきたように、本書で解説するリサーチ・クエスチョンの本質的な性格は、研究上の「問い」というものです。したがって、この本では、末尾にクエスチョン・マークつまり「?」が付いた文章をリサーチ・クエスチョンとして扱います。それによって、リサーチ・クエスチョンは**問い**であり、また、〈実証研究というものが何らかの問いに対する**答え**を探求していく作業である〉という点を明確に示すことが出来るはずです。[13] この点については、トピックやテーマという名詞が使われる場合やリサーチ・クエスチョンが疑問文形式ではなく平叙文で示される場合と比較してみると、理解しやすくなると思います。

†名詞（「トピック」「テーマ」「課題」など）との違い

リサーチ・クエスチョンが疑問文形式で表現されるということは、特にここで改めて強調する必要もない、当然の事柄であるように思えるかも知れません。しかし実際には、論文や調査報告書の文面で研究上の問いが疑問形で明確に示されている例はそれほど多くありません。また、調査法に関する解説書の中には、リサーチ・クエスチョンを「研究テーマ」や「トピック」ないし「(研究)課題」などとほぼ同じ意味を持つものとして扱っている例もあります。

言うまでもなく、テーマやトピックと言う場合は、通常、名詞としての単語ないしその組み合わせの形で表現されます。このように名詞であることによって、(いわば「連想ゲーム」のようにして)派生的に数限りないほど多くの問いが導き出されてくる可能性があります。一方で、疑問文であれば、より明確に焦点を絞った問いを具体的な文章の形で表現することが可能になります。

例えば、表1-1の最初に挙げた新型コロナウイルス感染症対策の例で言えば、テーマないしトピックの場合は「新型コロナ感染症をめぐる医療崩壊」ないし「パンデミック下における日本の医療体制の脆弱さ」というものになるかも知れません。あるいは、もう少し長くして「新型コロナ対策が浮き彫りにした『世界に冠たる日本の医療』の実状」というものも考えられるでしょう。これらの名詞を組み合わせたテーマないしトピックだけでは、〈具体的にどのような視点や方法によって問いに対する答えを求めようとしているのか〉が必ずしも明確には出来ません。

この点に関しては、先に挙げた『リサーチのはじめかた』が表1-2のような形で「ト

表 1-2　トピックと問いの違い[14]

トピック（Topic）※	問い（Question）
名詞であり、何らかの修飾語をともなう場合も多い	疑問符が最後につく文章の形式をとる
広範ないし限定的	広範ないし限定的
興味関心の範囲を示す	興味関心の範囲を示す一方でその興味関心を満たすための方法について何らかの方向性を示す
無数の問いに結びついていくが、その問いの方向性が定まらない事も多い	**より具体的で関連の深い他の問いに結びついていく**
特に答えを前提としていない	特定の答えないし複数の答えに結びついていく

※邦訳では Topic が「テーマ」と訳出されている。この点については、本章の注 15 参照

ピック（Topic）」と「問い（Question）」の違いを整理した上で解説している例が参考になります。

この表の上から四番目の項目で示されているように、名詞である「トピック（ないしテーマ）[15]」は問いの方向性が定まらないことが多いものです。つまり、「何を問いとして設定し、また、その問いに対して具体的にどのような答えを求めようとしているのか？」という点が明確に示されないのです。

それに対して、疑問文形式で示されたリサーチ・クエスチョンの場合には、研究の基本的な方向性を示すだけでなく、最終的な結果として特定の明確な答えを示すことを想定して調査研究を

進めていく、という点が明らかに出来るはずです。

†平叙文との違い

研究方法論や調査法に関する教科書では、リサーチ・クエスチョンが、名詞や複数の名詞の組み合わせからなるテーマやトピックとしてだけではなく文章の形で例示されているケースも存在します。その中には、疑問文ではなく平叙文の形式をとっているものがあります。

例えば、『リサーチ・クエスチョンの作り方——診療上の疑問を研究可能な形に』（福原俊一著・健康医療評価研究機構）という医学系の教科書には、そのような平叙文で表現されたリサーチ・クエスチョンの例が見られます。同書は、二〇〇八年に初版が刊行されて以来、医療現場における疑問を研究上の問いとして構造化するための実践的な教科書として評価されて版を重ねてきました。この本では、次のような文章が望ましいリサーチ・クエスチョンの一例として挙げられています。

高齢の患者に対して七種類以上の薬を処方すると、ADE［薬害の有害事象］の発生率が高くなる[16]

この平叙文形式のリサーチ・クエスチョンは、その内容自体は、高齢者を対象とする医療の現場においてきわめて重要な情報をもたらす研究を導くものになるでしょう。しかし、この文章は問い、つまりクエスチョンと言うよりは、何らかのリサーチ・クエスチョンに対する仮の答え、すなわち「仮説」(ないし「仮説命題」)と呼ぶ方がより相応しいものだと思われます。実際、例えばリサーチ・クエスチョンを次のような疑問文形式で書き直したとしたら、右の平叙文はそれに対応する仮説の例として成立することになるでしょう。

高齢の患者に対して一定数以上の種類の薬を処方した場合、ADEの発生率にはどのような影響があるか?

あるいは、もっと一般的な問いかけとして、以下のような疑問文形式の文章で表現してみても良いでしょう。

高齢の患者の場合、処方される薬剤の種類の総数とADEの発生率とのあいだにはどのような関係があるか?

先に述べたことの繰り返しになりますが、このようにリサーチ・クエスチョンを疑問文形式で示すことには大きな利点があります。それによって、実証研究というものが「問いに対する答えを探求する活動」であるという点をより明確に示すことが出来るのです。

†疑問文ではあるものの、クエスチョンマークがついていない例

なお、各種の文献の中には、クエスチョンマークがついていない疑問文をリサーチ・クエスチョンとして挙げている例もよく見かけます。しかも、このような文章が「地の文」の中に埋もれている場合がよくあります。右に挙げた文章を使って作例してみれば、例えば、次のような感じです。

本研究では、(1)高齢の患者の場合、処方される薬剤の種類の数とADEの発生率とのあいだにはどのような関係があるか、(2)高齢者をさらに五歳刻みの年齢層別に分けてみた場合には、両者のあいだにどのような関係があるか、という二つのリサーチ・クエスチョンを設定した。

このような場合は、右の二つの問いの末尾にクエスチョンマークをつけておけば、「問い」であるという点を明示する上ではより効果的だと思われます。また、リサーチ・クエスチョンの文章の前後に空白行を挟んで字下げ（インデント）するというような工夫も考えられます。

もっとも、投稿規定に厳しい字数制限がある論文については、空白行の挿入などが難しい場合もあると思われます。その場合は、例えばリサーチ・クエスチョンについては書体（フォント）を変えるというような工夫も考えられるでしょう。

5　簡潔な表現――長すぎず短かすぎず

†リサーチ・クエスチョンの二つの役割

この本では、リサーチ・クエスチョンが担う最も重要な役割ないし機能として、次の二つのものを想定しています（この点については第4章でもう少し詳しく解説します）。

①調査研究をおこなう者にとって――調査活動の基本的な方向性を示す羅針盤としての

役割

②論文や報告書の読者にとって――記述内容の概要を大づかみに把握する上での見取り図としての役割

これら二つの機能を十分に発揮できるリサーチ・クエスチョンにするためには、問うべき内容のエッセンスを凝縮した簡潔な文章にしておくと効果的です。先に述べたように、名詞が中心の「テーマ」や「トピック」だけでは短かすぎて問いの方向性が定まらなくなります。しかし、だからと言って、あまりにも長い文章にすると、調査者にとっても、論文や報告書の読者にとっても、リサーチ・クエスチョンの焦点、つまり〈何が最も重要な問題ないし研究課題であるか〉がすぐには読み取れなくなってしまうでしょう。

もちろん、ひと言で「簡潔」と言っても人によって色々な考え方があるでしょう。また、リサーチ・クエスチョンの長さについては、鉄則のようなものが特にあるわけではありません。しかし、一つの目安として、日本語の場合は個々のリサーチ・クエスチョンについては一〜三行、どんなに長くても六〜七行程度を超えないようにしておいた方が良いでしょう。

なお、リサーチ・クエスチョンは必ずしも一つであるとは限りません。場合によっては、相互に関連する複数の問いを組み合わせてリサーチ・クエスチョンとして設定することもあります。[17] また、第4章では**メインクエスチョン**の他に、その中心的な問いから派生して出てくる**サブクエスチョン**を設定する必要性について解説しますが、そのサブクエスチョンがかなりの数にのぼることもあります。もっとも、その場合でも、個々のリサーチ・クエスチョンは、比較的短かい文章にしておくべきでしょう。

†複数のリサーチ・クエスチョンの例（作例）

ここで参考までに、表1－1（三九ページ）に挙げた問いの作例の①について、複数のリサーチ・クエスチョンを設定した場合を想定して作成してみた例を示すと次のようになります。

○日本の新型コロナウイルス感染症対策には、感染者に対する医療措置という点で他の国と比べてどのような特徴があったのか？
・感染者数の推移はどのようなものであったか？　重症者は、どの程度の割合を占めていたか？
・感染者の症状に応じてどのようなタイプの医療機関や保健機関でどのような対応がとられていたのか？　特に、重症者に対してはどのような種類の医療機関や保健機関でどのような対応がとられていたのか？

・上記のような感染症対策は数次にわたる感染の波の中で、どのような改善がなされていったのか？　あるいは、なされていなかったのか？

◯なぜ、日本では新型コロナウイルス感染者数は世界的にみて桁違いに少なかったにもかかわらず、感染の波が来るたびに病床が逼迫し、その結果として必要な医療措置が受けられずに死亡したり、入院待機中に亡くなる自宅療養者が続出したりしたのか？

・感染症の拡大に対して、政府、行政機関、各種の医療機関のあいだには、どのような連携体制が構築されていたのか？

・その連携体制の構築にあたっては、誰（と誰）が、いつ、どこで、どのような意思決定を、どのような理由で（＝なぜ）おこなっていたのか？　他の国々と比較してその連携体制や意思決定のあり方にはどのような特徴があったか？　その連携体制は、感染症の拡大防止や迅速な医療措置という点でどの程度効果的であったのか？

・連携体制に問題があったとしたら、それはどのような問題であったか？　その問題についてはその後どのような対策が取られていったのか？

右の例では、メインクエスチョンを二つ挙げた上で、それぞれのメインクエスチョンについて幾つかのサブクエスチョンを例示しています。

一文にまとめるにしろ、右のように複数の疑問文を組み合わせた形式を採用する場合にせよ、リサーチ・クエスチョンは、論文の「序論」や「はじめに」などと呼ばれるセクションの中で、他の文章とは明確に区別できるようにしておくと効果的です。そのためには、例えば、右の作例のように、空白行を前後に挟んだ上で、インデント（字下げ）しておくというような工夫が考えられます。それに加えて、リサーチ・クエスチョンを強調文字やゴシック体などで強調しておくと、「地の文」との区別がさらに明確になるでしょう。実際、それによって、先に述べた羅針盤および見取り図としての役割が十分に果たせるようになると思われます。

†仮説（＝仮の答え）との対応という利点[18]

リサーチ・クエスチョンを簡潔な文章の形で表現し、また、地の文と明確に区別できるようにしておくことには、以上の二つの機能——羅針盤としての役割、見取り図としての役割——を果たす上で効果的であるという以外に、もう一つ大きな利点があります。それは、リサーチ・クエスチョンを短かい文章で表現することによって、簡潔な平叙文の文章形式を取ることが多い「仮説命題」に対応させることが出来る、という点です。

特に数値データの収集と分析が中心となる「仮説検証型」などと呼ばれる定量系の論文の場合には、その最初の部分――「問題」あるいはIMRADで言えばⅠに該当するセクション――に、表1-3（六〇―六一ページ）に例を示したような形で一連の仮説命題が列挙されているケースが少なくありません。

ところが不思議なことに、論文などでは、上のような一連の仮説に対応すると思われるリサーチ・クエスチョンが明確な文章の形では示されていない例が珍しくありません。先に指摘したように、研究法の解説書の中には、仮説をリサーチ・クエスチョンの一種として扱うものがあります。これは、恐らく、仮説自体にそれに対応する問いが含まれていると想定しているのでしょう。

なお、論文では、多くの場合、「課題」や「研究テーマ」あるいはその背景（問題として取り上げる社会現象の概要や先行研究を検討した結果など）については、かなり詳しく紹介されています。しかし、リサーチ・クエスチョンが簡潔な文章の形で整理された上で提示されている例は、実はそれほど多くありません。そのため、中心的な研究上の問いがどのようなものであるかが読み取りにくくなっています。つまり、そのような例では、リサーチ・クエスチョンが「地の文」の中に埋没してしまっているのです。このような場合、読者の側からすれば、「問いが無いのに（仮の）答えが突然登場してくる」というような印象を受けてしまうことも多いでしょう。

†「Q&A」の関係を明示する

よく「質問と回答」という意味で、Q&A（Question and Answer）という言い回しが使われることがあります。右で指摘したように、仮説命題だけが示されて、リサーチ・クエスチョンが読み取れない論文は、Q（uestion）が分からないのに、A（nswer）だけが唐突に示されているようなものだと言えます。「なぞなぞ」の場合であっても、問題（謎）が示されていないのに答えだけが突如読み上げられたとしたら、本来はなぞなぞとしては成立しないはずです。しかし、仮説命題を掲げる論文や報告書にはその種の不思議な「なぞなぞ問題」と本質的には同じ性格を持つ例が少なくないのです。

仮説には、本来、何らかの問いに対する「仮の答え」としての性格があります。[20] この点について、わたしはこれまで次のようなものを仮説についての定義として提唱してきました。[21] 少しばかり「まわりくどい」印象があるかも知れませんが、この定義における「まだよく分かっていない事柄」というのが、本書で言うリサーチ・クエスチョンに該当することになります。

表 1-3　仮説命題の実例[19]

仮説群 1	仮説 1：(米国とドイツの) コンサルティング業界においては、男性従業員は女性従業員よりもパートナー(共同経営者) へのキャリアアップをはかるための経路として内部昇進よりも他の企業への転職の方を選択する傾向が強い 仮説 2：コンサルティング業界においては、学歴・学校歴が低い従業員ほど、内部昇進よりも他の企業への転職によってパートナーへのキャリアアップを目指す傾向が強い 仮説 3：コンサルティング業界においては、エリート校出身の従業員は、同じ企業に留まりながらパートナーへの昇進を目指す傾向が強い 仮説 4：コンサルティング業界においては、企業がどの国にあるかによって、内部昇進ではなく他の企業への転職を通してパートナーへのキャリアアップを目指す傾向に違いが生じる

【仮説】まだよく分かっていない事柄について明らかにするために、既にある程度分かっていることを前提にして調査をおこなう際に、その見通しとして立てる**仮の答え**

したがって、もし右で示したような意味での「仮の答え」である仮説を命題形式、つまり短かい平叙文の形式で提示するのであれば、リサーチ・クエスチョンについても同じように、簡潔な疑問文形式で整理して示しておくことが望ましいでしょう。

実際、それによって、読者にとって

仮説群２

仮説１：研究者は、特定の研究領域における自分の能力に自信を持っており「自己効力感」が高ければ高いほど、より野心的で（研究自体の成否や論文の採択可能性等の点で）不確実性の高い研究戦略を採用することになる

仮説２：研究者は、研究業績の刊行に関して与えられる経済的な報酬の増額が期待できる場合には、より野心的で不確実性の高い研究戦略を採用することになる。特に、研究者が特定の研究領域における自分の能力に自信を持っている場合にはその傾向が強くなる

仮説３：研究者は、野心的で挑戦的な研究業績の刊行によって、大学ランキングなどにおける所属校の評価への貢献が認められることが期待できる場合には、より不確実性の高い研究戦略を採用することになる。特に、研究者が特定の研究領域における自分の能力に自信を持っている場合にはその傾向が強くなる

仮説４：研究者は、何らかの研究業績の刊行の結果として所属校の評価が下がった際にその責任を負わされる可能性がある場合には、野心的で挑戦的な研究戦略の採用には消極的になりがちである。特に、研究者が特定の研究領域における自分の能力に関する自信の程度が低い場合にはその傾向が強くなる

は、論文の中核的な部分を構成する「問いと答え」つまりQ&Aの関係が格段に読み取りやすくなるはずです。

例えば、先に取り上げた『リサーチ・クエスチョンの作り方』に関連して挙げた二つの疑問文と一つの平叙文についても、次のようにしておけば、Q&Aの関係がより分かりやすいものになると思われます。

問い(Q):高齢の患者に対して一定数以上の種類の薬を処方した場合、ADEの発生率にはどのような影響があるか? (あるいは、「高齢の患者の場合、処方される薬剤の種類の総数とADEの発生率とのあいだにはどのような関係があるか?」)

仮説(A):高齢の患者に対して七種類以上の薬を処方すると、ADEの発生率が高くなる

同じようことは、表1-3に示した二つの仮説群についても指摘できます。この場合も、例えば、表1-4のようにして、論文の中でリサーチ・クエスチョンを仮説と組み合わせた形で示しておけば、Q&Aの関係がより明瞭なものになると思われます[22](なお、表の中のRQ(=リサーチ・クエスチョン)の番号と仮説命題の番号は一対一で対応しているわけでは

ありません。これは、RQの方が包括的な問いであるのに対して、仮説の方はより個別具体的なレベルの問いに対応しているからに他なりません。この点については、第5章の解説を参照してください。)。

もちろん中には、自分の研究テーマや問題関心をこのように簡潔な疑問文形式で論文などの最初の部分で明示しておくやり方を「箇条書き風であまりエレガントでない。何となく垢抜けない(「ダサい」)感じがしてしまう」と感じる人がいるかも知れません。しかし、少なくとも、リサーチ・クエスチョンのエッセンスを簡潔な文章として示すことによって論文全体の議論の焦点が容易に把握できる、という意味ではより「読者フレンドリー」な表現の仕方だと言えるでしょう。

表 1-4　リサーチ・クエスチョンと仮説命題の組み合わせ

リサーチ・クエスチョン＝問い（Q）	RQ1：コンサルティング企業における共同経営者（パートナー）就任に至るまでのキャリアパターンには、どの程度、他の企業への転職と内部昇進という２種類の経路がそれぞれ含まれているか？ RQ2：なぜ、人は、他企業からの転職ないし内部昇進という経路を選択するのか？
仮説群 1＝仮の答え（A）	仮説 1：（米国とドイツの）コンサルティング業界においては、男性従業員は女性従業員よりもパートナーへのキャリアアップをはかるための経路として内部昇進よりも他の企業への転職の方を選択する傾向が強い 仮説 2：コンサルティング業界においては、学歴・学校歴が低い従業員ほど、内部昇進よりも他の企業への転職によってパートナーへのキャリアアップを目指す傾向が強い 仮説 3：コンサルティング業界においては、エリート校出身の従業員は、同じ企業に留まりながらパートナーへの昇進を目指す傾向が強い 仮説 4：コンサルティング業界においては、企業がどの国にあるかによって、内部昇進ではなく他の企業への転職を通してパートナーへのキャリアアップを目指す傾向に違いが生じる

※ RQ= リサーチ・クエスチョン

リサーチ・クエスチョン＝問い（Q）	RQ1：研究者は、どの程度、従来の研究動向とは異なる、野心的で（研究の成否や論文の採択可能性等の点で）不確実性の高い研究戦略を採用しているか？ RQ2：なぜ、研究者は、従来の研究動向とは異なる野心的で不確実性の高い研究戦略を積極的に採用したり、あるいは逆にそれに対して消極的な対応を示したりするのか？
仮説群２＝仮の答え（A）	仮説１：研究者は、特定の研究領域における自分の能力に自信を持っており「自己効力感」が高ければ高いほど、より野心的で（研究自体の成否や論文の採択可能性等の点で）不確実性の高い研究戦略を採用することになる 仮説２：研究者は、研究業績の刊行に関して与えられる経済的な報酬の増額が期待できる場合には、より野心的で不確実性の高い研究戦略を採用することになる。特に、研究者が特定の研究領域における自分の能力に自信を持っている場合にはその傾向が強くなる 仮説３：研究者は、野心的で挑戦的な研究業績の刊行によって、大学ランキングなどにおける所属校の評価への貢献が認められることが期待できる場合には、より不確性の高い研究戦略を採用することになる。特に、研究者が特定の研究領域における自分の能力に自信を持っている場合にはその傾向が強くなる 仮説４：研究者は、何らかの研究業績の刊行の結果として所属校の評価が下がった際にその責任を負わされる可能性がある場合には、野心的で挑戦的な研究戦略の採用には消極的になりがちである。特に、研究者が特定の研究領域における自分の能力に関する自信の程度が低い場合にはその傾向が強くなる

コラム　仮説（命題）って、どうしてこんなにも「退屈」なんだろう？

経営戦略論および組織デザイン論の大家であるカナダの経営学者ヘンリー・ミンツバーグの訳書には、次のような一節があります――「たしかに仮説は検証しなくてはならない。しかし、退屈な仮説は検証するに値しない」[23]。

大学で論文指導をしていると、右の引用にある「退屈な仮説」あるいはほとんど意味の無い仮説命題を目にすることがよくあります。そのような仮説を書いてきた学生や大学院生に、「その仮説が答えになるようなリサーチ・クエスチョンを書き出してみなさい」とアドバイスしてみると、大抵、すぐには答えが返ってきません。まったく見当違いのリサーチ・クエスチョンを書いてくる学生も珍しくありません。同じようなことは、大学院入試における口頭試問の際などに、仮説命題を列挙した研究計画書を提出してきた受験生に対して、それらの仮説に対応するリサーチ・クエスチョンについて尋ねてみた場合についても言えます。

これには、主に二つの理由があると考えられます。一つは、仮説命題が科学論文にとって不可欠であるという思い込みです。もう一つの理由は、仮説がリサーチ・

クエスチョンに対応する「仮の答え」であるという認識が基本的に欠落している、というものです。これら二つの理由の背景には、「とりあえず仮説らしきものを挙げておけば、何となく学術論文っぽく見せられる」というような安易な考え方があると思われます。また、それは学生や大学院生の場合に限らず、学術界のある部分に根強く残っている誤解だとも言えるでしょう。

6 「問いを育てる」ということ——論文のペテンを超えて

†完成品としての問い 対 仕掛品としての問い

以上本章では、リサーチ・クエスチョンの定義のポイントとして、①実証研究上の問い、②疑問文形式、③簡潔な表現という三つの要素を挙げて解説してきました。本書で提案するリサーチ・クエスチョンの定義における最後の要素は、左の引用のゴシック体で示した部分に関わるポイントです。

【リサーチ・クエスチョン】社会調査（社会科学系の実証研究）の**さまざまな段階で設定**

される研究上の課題や問いを疑問文形式の簡潔な文章で表現したもの

つまり、この本では、論文や報告書の冒頭に「問題」や「課題」あるいは「リサーチ・クエスチョン」などとして明示される問いだけでなく、調査研究の過程において何度となく設定されては修正されていく研究上の問いをリサーチ・クエスチョンとしてとらえた上で解説を加えていくのです。(当然ですが、その解説にあたっては、それら二種類の問いを明確に区別していくことになります。)これは取りも直さず、序章で説明した「ペテンのからくり」という問題に直接関わるポイントに他なりません。

最終的に論文の上で示されるのは、いわば完成品版のリサーチ・クエスチョンです。それに対して、調査研究の途上で何度となく設定されては修正されていくリサーチ・クエスチョンは一種の「仕掛品」ないし「半製品」だと言えます。試作品と言い換えてもよいでしょう。建築に喩えて言えば、仕掛品のリサーチ・クエスチョンは、工事用の足場に該当します。

半製品や試作品は完成品の陰に隠れて、一般の市場に出てくることは滅多にありません。また、足場は建築工事が無事終わった後には跡形もなく取り去られていきます。それらの例と同じように、調査の途上で作成される各種のリサーチ・クエスチョンは、論文という表舞台に登場することは非常に稀です。序章でも指摘したように、論文には「結果報告」と「経緯報告」という二つの顔があります。その内の、いわば舞台裏の作業に該当する実際の「経緯」の部分は、論文という表舞台では大幅に削除・省略された上で「序論・方法・結果・考察」ないしIMRADという整然としたストーリーの形に編集されていくのです。

それでも、稀にその舞台裏の事情の一部が公開されることはあります。しかし、多くの場合、それは論文というメインの舞台ではなく、それとは別建てで発表される研究生活に関わる体験談あるいは内幕物（インサイド・ストーリー）的な書き物においてです。（研究書の最後に付け加えられる後書きや「方法論に関する付録」などにそのような事情がエッセイのような形で報告されることもあります。[24]）

†「立てる」対「育てる」

こうしてみると、調査法や研究法の解説書などでよく見かける「リサーチ・クエスチョンを設定する」ないし「問いを立てる」という言い回しには、少しばかり誤解を招きかねない面があるということが明らかになってきます。実際、リサーチ・クエスチョンに関しては、ほぼ既に出来上がっている何かを「（一気に）立てる」というよりは、むしろ調査の過程全体を通して時間をかけて、問いを育てていくという言い方がふさわしい場合の方が多いのです。実際、子育ての場合と同じように、時間をかけて問いを練り上げていく過程には不確定要素が含まれていることが少なくありません。

この本の狙いは、まさにそのような舞台裏でおこなわれる作業に含まれる不確定で不確実な要素も考慮に入れながら何とかして問いを育て上げていく作業の要点やコツについて解説することにあります。また本書では、一方にはその舞台裏の作業を通して作られていく仕掛品のリサーチ・クエスチョンを置き、他方に論文という表舞台に登場してくる完成品としてのリサーチ・クエスチョンを置いて見た場合に、両者のあいだにどのような関係があるか、という点について明らかにしていくことを目指していきます。

次の第2章と第3章では、それらの作業の前提として、問いの内容と目的、言葉を換えて言えば「何について問うか？」および「そもそも何のために問うのか？」という問いに対する答えを求めていきます。どのような形で研究上の問いを育てていこうと考えている場合であっても、まずもって、これら二つの「問いについての問い」に対する答えを明らかにしておかなければ、調査研究それ自体が迷走してしまう場合が多いはずです。

第2章

問いの内容を見きわめる——何について問うのか？

1　疑問符、と言えば疑問詞、？

†5W1Hの効用——簡便なチェックリストとして

前章で強調したように、本書では、リサーチ・クエスチョンについては最後が疑問符——文字通りの「クエスチョンマーク」——で終わる文章として表現することを想定しています。疑問符と言えば、それと対になって取り上げられることが多い何種類かの疑問詞が、リサーチ・クエスチョンについて考える上で重要な手がかりになるように思えてくるかも知れません。また、この点に関しては、いわゆる「5W1H」が頭に浮かんでくる場合も多いでしょう。

5W1Hは、英語圏では「ジャーナリズムの六点セット（journalistic six）」と呼ばれることがあるように、ジャーナリストが記事を作成する際の重要な心得として広く知られています。また、日本でも中学校や高校の作文の授業などでは、事実に関する報告に関しては、「Who（誰が）What（何を）When（いつ）Where（どこで）Why（なぜ）How（どのように）したのか」という六つの要件を漏れなく押さえた記述を心がける、という点が強調されることが少なくありません。（How much や How many を加えて、5W2Hないし5W3Hなどとするようなバリエーションも幾つかあります。）

社会調査をおこなう場合も、この5W1Hは、社会現象について網羅的に把握して記述しようとする際の簡便なチェックリストとしてはある程度有効です。

†5W1H的な「頭文字語」の限界――疑問詞の外形的特徴のワナ

例えば、社会現象に関する定量的な分析では、具体的な行為者としての人や集団の姿がほとんどかき消されてしまい、むしろ抽象的な「変数（属性・要因）」同士の関係のみがクローズアップされている例が少なくありません。もっとも、主に文書資料などを用いて分析をおこなう定性的な調査の場合も、同様の見落としが生じることがあります。例えば

「○○（演劇、アニメ、小説……）は社会と時代を映す鏡」などとする「素朴反映論」的な文化研究では、実際に文化の創造・生産と仲介に携わる行為者（アーティスト、プロデューサー、画廊主、編集者など）が果たす役割が度外視されてしまいがちです。[1]

どちらの場合も、「誰が（Who）」（あるいは「誰と誰が」）という視点が抜け落ちてしまっていることになります。そのような見落としを防ぐためには、5W1Hの各要素に目配りしておくことは重要なポイントの一つになるでしょう。

もっとも、実際には、5W1Hのような「頭文字語」は、各種のリサーチ・クエスチョンの基本的な性格について理解しようとする際には、便宜的な手がかり程度の意味しかない場合が少なくありません。それどころか、**疑問詞の外形的な特徴だけにとらわれていると、性格の異なるリサーチ・クエスチョンを組み合わせて調査研究を進めていくアプローチが持つ本来の意義を見誤ってしまうことさえあります。**各種のリサーチ・クエスチョンの性格について理解しようとする際には、むしろ問いの実質的な内容に注目すべきなのです。

（なお、英語をはじめとするヨーロッパ系の言語とは違って、そもそも、日本語では「疑問詞」が必ずしも独立した品詞として存在しているとは言えない場合がある、という点にも注意が必要でしょう。例えば、「なぜ」は副詞であるのに対して、「なに」や「だれ」は代名詞に分類される場合があります。[2]）

†『ケース・スタディの方法』のケース——4W3Hの効用？

一方で、調査法の解説書の中には、リサーチ・クエスチョンとの関連で5W1Hないしそれに類する疑問詞の組み合わせを挙げている例があります。もっとも、それらの例では、疑問詞の組み合わせは、リサーチ・クエスチョンについて理解する上での簡単なヒントという程度の扱いしか受けていません。

その典型とも言えるのが、米国における著名な社会科学者であり調査会社の代表でもあるロバート・インによる『ケース・スタディの方法』（邦訳・千倉書房）です。同書は、一九八四年に原著の第一版が刊行されて以来、事例研究に関する画期的な解説書として高く評価されて世界的なベストセラーとなった入門書です。表2-1は、その最新版である第六版（未訳）の序章に挙げられていたものです。[3]

この表では、社会科学における主な研究法が実験、質問表調査、資料分析、歴史研究、事例研究（ケース・スタディ）の五つに分類されています。その上で、著者のインは、それぞれの研究法が次の三点に関してどのような特徴を持っているかを整理して示していま す——（a）主としてどのようなリサーチ・クエスチョンが設定されるか、（b）研究者が現実の出来事に関わる行動に対して何らかの働きかけをおこなって操作する必要がある

表2-1　『ケース・スタディの方法』におけるリサーチ・クエスチョンと研究法の対応関係に関する解説[4]

研究法	(a) リサーチ・クエスチョンの形式	(b) 行動に対する制御の必要性？	(c) 現時点の出来事への注目？
実験	how, why?	必要	あり
質問表調査	who, what, where, how many, how much?	不要	あり
資料分析	who, what, where, how many, how much?	不要	あり・無し
歴史研究	how, why?	不要	無し
事例研究	how, why?	不要	あり

か、(c)研究をおこなっている時点で生じている出来事を対象として扱うか、それとも完全に過去のものになった出来事を取り扱うか。

例えば、インによれば、実験法は、whyとhowという形式の問いに対する答えを明らかにする上で有効であるとされます。また、その目的のためには実験室でさまざまな条件を操作（制御）してリアルタイムで観察する必要があります。歴史研究の場合も実験法と同じように、whyとhowという形式の問いに対する答えを求める際に適しているとされます。しかし、実験法とは違って、歴史研究では、現在の時点の現象ではなく既に起こってしまった過去の時点の出来事を扱います。したがって、当然ながら、それらの出来事に対して何らかの操作を加えた上でその変化の様子を観察することを通して因果関係を解明するようなことは出来ません。[5]

†疑問詞は便宜的な手がかりにしかならない

この表は、それぞれの研究法の大まかな特徴について理解するためにはある程度有効であるかも知れません。しかし、この表には明らかに不十分なところがあります。例えば、この表には where が挙げられている一方で when は挙げられていません。歴史研究だけでなく事例研究の場合も、特定の時期や物事の前後関係に関する正確な事実を把握することには重要な意味があるはずです。しかし、どういう理由によるものかは必ずしも明らかではありませんが、インの解説書では特にその点に関する詳しい説明は提供されていません。

また、歴史研究と事例研究に関して who が挙げられていないのも奇妙な感じがします。というのも、どちらの研究法に関しても、さまざまな行為者（アクター）が特定の歴史的出来事や社会現象に関してどのような役割を果たしていたのか、という点が非常に重要な検討事項になることが多いからです。一方で、表2－1を見ると、質問表調査と資料分析については疑問詞が網羅的に列挙されていることが分かります。つまり、著者のインは、これらの研究法の場合は社会的事実に関する詳細な記述が重要なポイントになる、と考えているらしいのです。となると、歴史研究と事例研究について how と why という二種類の疑問詞しか挙げられていないのは、不思議に思えます。[6]

要するに、『ケース・スタディの方法』では疑問詞とリサーチ・クエスチョンの関係という点はそれほど重視されていないようなのです。少し乱暴な言い方をすれば、同書のこの点に関する扱い方はややぞんざいなものだと言えそうです。

同じようなことは、第1章でも取り上げたブースらの『リサーチの技法』についても指摘できます。この本では、リサーチの初期段階で「トピック」の焦点をある程度絞った上で、より具体的な答えを求めていく際に、その最初の手がかりとして「ジャーナリズムにおける標準的な問い」[7]、つまりwho、what、when、where、how、whyの六つを挙げます。また、その内特にhowとwhyの二つは、他の四つの問いの内容について深く掘り下げて検討していく上で重要な意味を持つ問いである、と指摘しています。[8] もっとも、著者のブースらは、これら六種類の問いの関係あるいは複数の疑問詞の組み合わせの仕方について、それ以上詳しく解説しているわけではありません。

†簡便なチェックリストとして使えることもあるのだが……

こうしてみると、どうやら、インの場合もブースらの場合も、疑問詞を軸にした問いの組み合わせは、調査研究の中で重要な役割を果たすリサーチ・クエスチョンの性格を見きわめるための枠組みとして提案されているというわけではなさそうです。5W1Hないし4W3H（インの場合のHは、how および how much、how many の三種類）は、むしろ、他の目的のための補助的な手がかりとして使用されているに過ぎない、と考えた方が良いでしょう。[9]

以上で見てきたように、5W1Hをはじめとする疑問詞の組み合わせは、たしかに簡便なチェックリストとしてはある程度有効です。しかし、このような疑問詞の頭文字を組み合わせた略語は、タイプが異なる複数のリサーチ・クエスチョンが持つ基本的な性格（例えば、問いの内容、問いのレベル、他の種類の問いとの関係など）について理解する上では、それほど役に立つわけではありません。

すぐ後で改めて解説しますが、疑問詞が何らかの手がかりになるのは、メインクエスチョン、つまり調査研究の基本的な方向性を定める羅針盤のような役割を果たす中核的なリサーチ・クエスチョンの性格について確認するための手続きにおいてではありません。疑問詞は、むしろメインクエスチョンを具体的な調査項目に関わるサブクエスチョンに落とし込んでいく際、あるいは言い換えて（パラフレーズして）いく際の作業において重要な役割を果たし得るのです。

2　5W1Hから2Wへ

†社会調査における What と Why の問い＝2W

以上の例からは、疑問詞の外形的な特徴だけを基準にしてリサーチ・クエスチョンを分類することには、あまり意味がないことが明らかになってきます。繰り返しになりますが、調査研究を企画する際の作業の一環としてリサーチ・クエスチョンの種類について確認しておく上で重要なのは、そのような形式上の特徴などではなく、むしろ問いの実質的な内容なのです。

その意味で最も有望だと思われるのが、〈実態を明らかにするための問い 対 因果関係を解明するための問い〉ないし「記述の問い 対 説明の問い」という区分です。実際、リサーチ・クエスチョンをめぐる議論では、次のような二分法がよく使われてきました。[10]

・What の問い（「どうなっているのか？」）――事実関係に関わる問い・物事についての記述に関わる問い

・Whyの問い(「なぜ、そうなっているのか?」)——因果関係(原因と結果の関係)に関わる問い・物事についての説明に関わる問い

本書でも、右のような意味でのWhatとWhyの組み合わせを最も基本的なリサーチ・クエスチョンの類型論(タイプ分けの枠組み)として採用し、これを「2W」という略称で呼ぶことにしたいと思います。なお、この章の最後の部分でも述べるように、この2Wないし記述の問いと説明の問いの組み合わせは、調査研究における試行錯誤を通してリサーチ・クエスチョンを「育てていく」プロセスについて理解する上でも非常に重要な意味を持っています。

†記述の問い 対 説明の問い

2WのうちのWhatの問いは、事実について問う問いです。すなわち、物事の実態や事実関係の詳細を明らかにすることによって、社会現象に関する詳細で精確な記述をおこなうことを目的として設定される問いです。一般に「実態調査」ないし「実情調査」などと呼ばれるタイプの調査は、もっぱら、このWhatの問いに対する答えを求めるためにおこなわれます。

表 2-2　What の問い（記述の問い）の作例

①日本の新型コロナ感染者数は世界的にみてどのような水準であったのか？　それぞれの感染の「波」において、重篤な症状を示す感染者に対してはどのような医療機関においてどのような種類の医療措置がとられていたのか（いなかったのか）？　その結果、それらの感染者たちの症状や予後にはどのような改善が見られたのか（見られなかったのか）？
②（ジョン・F・）ケネディ政権の中核にはどのような経歴や技量の知識人たちが参集していたのか？　その人々は、ベトナム戦争のさまざまな局面における政権としての意思決定に対してどのような形で関わり、またどのような状況判断にもとづいて実際にどのような決定をおこなったのか？　それらの決定は、戦局に対してどのような影響を及ぼしていたのか？
③2000年代以降の時期において、日本のドラッグストア業界を構成する主要企業各社の売上高と利益率は、それぞれどのような推移を示していたのか？
④日本の小学生の学力水準は、1980年代から2000年代初めのあいだにどのような傾向を示してきたのか？
⑤訪日外国人観光客の観光地における消費行動にはどのようなパターンが見られるか？「観光公害」にはどのような典型的なパターンが見られるか？　観光公害は、日本の伝統文化や景観、そしてまた観光地における地元住民の生活に対してどのような影響を与えてきたか？
⑥コンサルティング企業における共同経営者（パートナー）就任に至るまでのキャリアパターンには、他の企業からの転職と内部昇進という経路がそれぞれどの程度の比率を占めているか？
⑦研究者は、どの程度、従来の研究動向とは異なる挑戦的で不確実性の高い研究戦略を採用しているか？

※注：①から⑤までは、表1-1（39ページ）のWhyの問いに対応させている。①の場合は、第1章で「複数のリサーチ・クエスチョンの例」（55-56ページ）として挙げた例の一部と重複している。また、⑥と⑦は、第1章で仮説群に対応するリサーチ・クエスチョンの例として挙げた2組の問いの内、それぞれ記述の問いに該当するものと一部重複がある。

What の問いは、そのほとんどが、表2－2に挙げた七つの問いの例のように、「どうなっているのか？（あるいは、どうなっていたのか？）」という疑問文の形式をとることになります。

説明の問いに対応する疑問詞は Why だけ？

一方、Why の問いは、社会現象の成り立ちに関する説明を目的とする調査に際して設定される問いです。つまり原因と結果の関係（因果関係）を明らかにしようとする際に設定される問いです。その Why の問いは、多くの場合、第1章の表1－1（三九ページ）に挙げた五つの問いのように、「なぜ？」という疑問文の形で表現できます。

なお、先に指摘したことの繰り返しになりますが、表1－1で説明の問いを示す疑問詞的な言葉として英語で言えば Why に該当する「なぜ」を使っているのは、単に便宜的な理由からに過ぎません。実際、社会現象をめぐる原因と結果の関係に関わる問いについては、「なぜ」以外のさまざまな疑問詞によって言い換えることが可能です。また、その方がより具体的な資料やデータを用いて明確な答えを求める問いかけとしては有効である場合が少なくありません。

例えば、表1－1の④は次のように言い換えることも出来るでしょう――「ドラッグストア業界における首位企業の利益率が二〇〇〇年代以降の時期において下位の企業の利益率よりも下回っているという点については、特にどのような要因が、いつ、どのような形で影響を与えてきたのか？」。この言い換えの例では、リサーチ・クエスチョン全体としては説明の問いになっていますが、どのような要因（what factors?）、いつ（when?）、どのような形で（how?）という具合にして、少なくとも三種類の（英語で言えば）疑問詞的な言葉が含まれています。[11]

†Why（なぜ）という疑問詞は曖昧になりがち

右の例からは、「Why（なぜ）？」が場合によっては非常に漠然とした問いになりがちである、という点が浮かび上がってきます。それに加えて、いわゆる5W1Hと本書で提唱する2Wというリサーチ・クエスチョンの組み合わせは、互いに異なるレベルの問いを扱っているという点も明らかになってきます。

一つ目の、Whyが曖昧な問いになりがちであるという点に関しては、米国の歴史学者デイビッド・フィッシャーが『歴史家の誤謬の諸相』（一九七〇）という本で、次のように述べています。

Why は不正確な問いになりがちでもある。というのも、“why”という副詞〔疑問詞〕にはつかみどころがなく、また明確に定義できない面があるからである。why は、時には原因を明らかにするための問いであり、時には動機、時には理由、時には物事の記述、時にはプロセス、時には目的、またある場合には正当化の根拠についての問いであったりする。このように、why の問いには方向性と明確さが欠如しており、歴史家が本来労力と意欲を向けるべき対象の姿はぼやけてしまう。実際、現役の歴史家は、「なぜ、南北戦争は起こったのか？」あるいは「なぜ、リンカーンは暗殺されたのか？」などというような漠然とした問いかけからは、どうやって研究を始めれば良いか、どのようなエビデンスが必要か、また何よりも、そもそもどんな問題が提起されているのか、などという点に関して何ら手がかりを得ることも出来ないのだ。[12]

フィッシャーは、右のように指摘した上で、実際の資料やデータを使って明確な答えを求めていくためには、why の問いを、who、when、where、what、how などの、より的を絞った実質的な副詞（疑問詞）を中心とする問いによって言い換えていくべきだとしています。[13] 実際、why（なぜ）は、ともすれば、かなり抽象的で総論的な「問題意識」とでも言うべき問いになりがちです。Why（なぜ）という疑問詞で始まるような、物事の説明に関わるリサーチ・クエスチョンを明確な答えが出せる研究上の問いにしていくためには、その包括的で抽象的な問い（かけ）を、より具体的で焦点を絞った幾つかの問いにブレークダウンし、また言い換えていく必要があります。

†大文字のWHYと小文字のwhy――「レベル」が違う5W1H（＝5w1h）と2W

以上の解説からは、いわゆる5W1Hと本書で言う2Wとでは扱っている問いのレベルが基本的に違っている、という点も明らかになってきます。

5W1Hというのは、個人や集団などの行動の具体的な事実関係について詳しく分析していく際にはきわめて有効な一種の「テンプレート」だと言えます。これは、先に挙げたフィッシャーの引用では、包括的なWhyの問いをブレークダウンする上で5W1Hに該当する一連の疑問詞を挙げていることからも明らかでしょう。

一方で、本書で2Wと呼んでいる二種類の問いの組み合わせの場合は、それとは対照的に、調査研究全体の方向性を示す総論的で包括的なレベルの問いを想定しています。例えば、第1章の表1-1（三九ページ）で挙げた「なぜ」の問いは、いずれの場合もこのような性格を持つ包括的なレベルの問いだと言えます。また、本章の表2-2で挙げた一連のWhatの問いの場合は、特に③、④、⑥、⑦が総論的なレベルの問いに該当します。

（一方で、①、②、⑤については、事実関係に関して各論的なレベルに踏み込んで確認するためにおこなわれる調査研究における問いを想定しています。）

そして、一方の5W1Hが個別具体的な問い、他方の2Wが包括的な問いを指すという意味では、前者を「小文字の問い」――つまり、when、where、who、what、how、why――後者を「大文字の問い」――WHATとWHY――と呼ぶことが出来るかも知れません。[14]

†表2－1における混乱の背景

この二種類の問いの違いが最も明確なのは、5W1Hと2Wの両方に含まれているWhyの性格の違いでしょう。5W1Hの場合のWhy――あるいは小文字のwhy――は主として個人の行為の背景としての動機や理由あるいは意図（目的）の解明に関わる問いだと言えます。それに対して、2WのWHYの場合には、何らかの社会現象の全体的な原因や背景を解き明かしていくことが主な目標になることが多いでしょう。

このWhyの例からも明らかなように、5W1Hを社会調査における包括的なメインクエスチョンのタイプ分けをおこなう際の手がかりとして考えるのは、問いの次元ないしレベルに関する誤解にもとづく誤りだと言えます。

その誤解を如実に示していると思われるのが、表2‐1です。先に指摘したように、この表では、質問表調査と資料分析については「4W3H」の疑問詞が網羅的に挙げられています。それに対して、歴史研究と事例研究についてhowとwhyという二種類の疑問詞しか挙げられていません。これは、『ケーススタディの方法』の著者であるロバート・インがこの表の中にレベルの異なる問いを混在させてしまったことによる混乱を示していると考えられます。[15]つまり、歴史研究と事例研究の場合には、大文字のHOWとWHYを想定した上でリサーチ・クエスチョンと調査技法の対応関係について解説しているのに対して、質問表調査と資料分析については、個別具体的な問い（小文字の問い）に該当する疑問詞を典型的なリサーチ・クエスチョンの形式として列挙しているのです。[16]

3　What(記述)とWhy(説明)の関係

†WhyはWhatよりもエラいのか？

調査研究における包括的なリサーチ・クエスチョンを「What対Why」ないし「記述対説明」という二分法でとらえていく場合に、必ずといってよいほど浮上してくるのが、

「記述と説明のどちらの方をより重視すべきか？」ないし「どちらの問いがより重要であるか？」という点をめぐる問題です。

これについては、よく「Why の問いの方が優れている」とするような見解が示される場合があります。つまり、因果推論（原因と結果の関係についての推察）に関わる説明やその答えとして提出される何らかの説明モデルの方をより重要なものとして考え、一方で、もっぱら記述に関わる What の問いを中心とする調査結果については「単なるファクト・ファインディング（実態調査）に過ぎない」として一段下に見るようなとらえ方です。

このような考え方を典型的に示しているのが、社会学者の高根正昭による『創造の方法学』（講談社現代新書）です。この本は、一九七九年に初版が刊行されて以来、（一九七〇年代前後までの）米国流の実証研究の基本的な発想を平易に解説した新書として非常に高い評価を受け、今なお版を重ねてロングセラーとなっている優れた入門書です。その一方で、同書には次のような一節があります。

いかに正確な観察に基づいた客観的な記録であっても「なぜ」という疑問を考えないのであったら、それは因果関係を問題としない記述的な研究に他ならない。それは科学として、低次な段階にとどまるものに過ぎない。[17]

高根は、上記の文章に続く箇所では、次のようにも述べています――「たんなる記述に終わってしまうなら、それは科学として、現象を理解しようとする本来の目的を、放棄したことになるのである[18]」。

†What の問いは Why の問いの大前提

しかし、当然ですが、適切な因果推論をおこなうためには、的確な事実の把握、つまり What の問いに対する答えが示されていることが大前提になります。実際、表1－1に挙げた五つの Why の問いは、それぞれ表2－2に挙げた What の問いに対する確実な答えが提供されていることを前提としてはじめて成立するものであることは明らかでしょう。

例えば、新型コロナウイルスの感染者数や症状の重篤度およびその推移に関する基本的な事実が明らかにされていなければ、そもそも表1－1の①の問いは成立しないはずです。同じように、もし訪日外国人観光客の日本における消費動向やその動機に関する表2－2⑤の What の問いを中心とする調査研究の結果、実際には「日本らしさ」ないし「本物らしさ」への関心は「インバウンド消費」の動機としては重要度がかなり低いという点が判明したとしたら、どうでしょうか？　その場合、表1－1⑤の Why の問いはほとんど意味のない擬似的なリサーチ・クエスチョンだということになってしまうでしょう。[19]

もっとも、一方で、社会現象について深く掘り下げて分析することを目指す場合には、たしかに高根が指摘するように、当然、その現象の背後にある因果関係について検討していく作業が不可欠になってきます。つまり、記述に関わるWhatの問いと因果推論をめぐるWhyの問いは、どちらか一方が他方よりも重要だとか、より「高次な段階にある」というようなものではなく、どちらも他方を必要とし、また前提にしているのです。さらに、研究者間の役割分担や個々の調査プロジェクトに振り向けられる時間や資源の制約という点を考えれば、もっぱら物事の実態把握（記述）に徹するファクト・ファインディング的な調査研究は、それ自体が十分に意義があるものだと言えるでしょう。

†単なるファクト・ファインディング 対 単なるモデルづくり

この点に関連して、きわめて的確な指摘をおこなったのは、米国における代表的な社会学者であったロバート・K・マートンです。彼は、社会学における問題発見について扱った論考の中で次のように述べています。

実際、この「「単なるファクト・ファインディング」という」言い回しは、あまりにも紋切り型になっているために、「ファクト・ファインディング」については、よくその「単なる（mere）」という形容詞付きで小馬鹿にしたような扱いがされがちである。（中略）しかし、熟練の研究者たちが何度も繰り返し指摘してきたのは、〈意味のある科学的アイデアは十分に確実なデータによる情報が得られた後でなければ定式化など出来るはずがない〉という事実である。社会学にせよ他の学問領域にせよ、擬似的な事実（pseudofacts）からは、本来その答えが得られないはずの擬似的な問い（pseudo problem）しか生まれてこないのである。[20]

マートンがこの引用部分で指摘しているように、事実関係に関するWhatの問いに対する確実な答えを求めることを怠って性急に社会現象の因果関係に関するリサーチ・クエスチョンを設定してしまった場合、それは実質的な意味の無い「擬似的な問い」になってしまうでしょう。

同じような点について、米国の著名な心理学者ドナルド・キャンベルらは、『何を研究すべきか？ リサーチ・クエスチョンの作成と開発に向けて』という研究書の中で次のように指摘しています。

記述的な研究は「科学性」という点で劣っている、あるいは有用な一般化には結びつかないとされてきた。しかし、応用心理学者や組織行動論の専門家は、その日々の業務の中で相当数の記述的な問いに対する答えを求める必要に迫られているのである。[21]

キャンベルらは、この引用の後で、組織論の分野などでは、組織の現場で生じている出来事の事実関係に関する着実な記述的分析をおろそかにして「あまりにも性急に理論検証や予測に飛びついてしまう風潮」が蔓延していることを指摘しています。そして、彼らは右に挙げた書籍の結論部では、特定の組織行動をめぐる原因と結果の関係に関するモデルの作成やその検証を偏重するような動向に警鐘を鳴らして、次のように述べています。

組織行動に関わる幾つかの変数を「測定」したものだと称する自記式のアンケート項目を何個かの四角い箱の中に書き込んでそれを矢印で結んだものを「モデル」と呼び、またそのモデルを「検証」しようとしているのだとしたら、そんなことは即刻止めるべきである。実際、そういうやり方というのは余り役に立たない事が証明されている。それに、そういう方法で出来上がってくるのは、結局のところ、組織行動についての理論ではなくアンケート行動に関する理論に過ぎないのだ。[22]

以上のマートンやキャンベルらの主張を踏まえて言えば、次のように指摘できるのかも知れません――慎重な事実関係の把握を踏まえずにおこなわれた因果推論やモデル構築は、確実なエビデンスに基づかない「**単なるモデルづくり**」に終わってしまう。

†Whyが「間違った問い」になってしまう時

右に述べてきたような性急なモデルづくりや、社会現象の確実な記述を目指すWhatの問いをおろそかにして因果関係に関するWhyの問いをリサーチ・クエスチョンとして設定してしまうようなやり方に含まれる落とし穴については、ラッセル・エイコフ（管理工学や「システム思考」などと呼ばれる研究領域の先駆者）による次のような指摘が非常に示唆的です――「問題解決が成功するためには正しい問題に対する正しい解を求める必要がある。わたしたちがそれに失敗するのは、正しい問題に対する間違った解を求めるというよりは、**間違った問題を解く**ことによる方が多い[23]」。

ラッセルの言う「間違った問題」あるいはマートンが指摘する「擬似的な問い」の好例としては、GDPやインフレ率あるいは失業率などをはじめとする各種の経済指標の信頼性や妥当性について慎重に検討することなく、それらを自明の前提にして考案されてきた各種の数理モデルや統計モデルが挙げられるでしょう。[24]

例えば、「西側」の経済学者たちが、一九五〇年代から七〇年代にソ連（ソビエト社会主義共和国連邦）政府が外部に向けて公表していた統計データにもとづいて次のようなWhyの問いを立て、またその答えとして何らかの統計モデルないし数理モデルを作っていたとします。

なぜ、一九五〇～七〇年代前半のソ連の国民所得は資本主義諸国をはるかにしのぐ水準を維持していたのか？

しかし、今ではよく知られているように、ソ連の公式統計は相当程度の操作が加えられていたものでした。また、各種の経済指標の算出方法にも特異な点があったとされています。実際には、右の問いで想定されているような「ソ連の国民所得の相対的に順調な水準の維持」という事実は存在していなかったとも考えられるのです。[25] つまり、右のWhyの問いは、次のようなWhatの問いに対する満足な答えを踏まえることもなく、いわば「見切り発車」で設定されたものだと言えます。

資本主義諸国と比較して、（事実として）一九五〇〜七〇年代前半のソ連の国民所得の水準はどうであったのか？

当然ですが、粉飾された数値データを何の疑いもなく鵜呑みにした上で、それをWhyの問いの前提となる情報として使った場合、その答えとしての数理モデルは、ほとんど情報価値のない「単なるモデル」に終わってしまうでしょう。実際、それらのモデルは、たとえ見かけ上はどのように精巧かつ精妙なものであったとしても、「間違った問いを解く」という致命的な誤りを犯した末に生み出された、いわば空理空論のようなものに過ぎないのです。[26]

もちろん、その一方で、明確な方針も無いままに、見たこと、聞いたこと、読んだことを平板に羅列するような「ベタな記述」はたしかにあまり意味が無いでしょう。もっとも、そのような種類の「単なるファクト・ファインディング」が問題なのは、物事や出来事の記述が中心になっているという点ではありません。そうではなくて、観察内容や収集したデータによって「何をどこまで明らかにしようとしているのか」が明確にされていない、という点こそが最も深刻な問題なのです。

4　What と Why を五回
――研究の全過程を通してリサーチ・クエスチョンを深掘りしていく

†往復運動を通して問いを育てる

実際に調査研究をおこなっていく過程では、色々な問題や課題が新たな事実として浮かび上がってくることが珍しくありません。また、それにともなって、さまざまな問いが新たに設定されていきます。

例えば、先に挙げた新型コロナウイルス感染症に関する調査研究の例で言えば、特定の医療機関あるいは地域全体の医療体制が、少なくとも近年では前例の無い深刻で重篤な健康被害をともなう感染症への対応という点で直面していた課題にはさまざまな側面があるはずです。それらの側面について明らかにしていく中で新たな問題が浮上してきた場合には、その問題の現状についてさらに詳しく検討していく必要が生じます。当然ながらその場合は、問題に関わる事実関係を明らかにするだけでなく、原因の解明に関する作業、つまり Why の問いに対する答えを求めていく作業をともなうことになるでしょう。

事実、このようにして、何度となくWhatとWhyの問いに対する答えを求めていく作業を通してこそはじめて、「メインクエスチョン」ないし「セントラル・クエスチョン」などと呼ばれる、最も重要で中核的な問いの全体像とそれに対する答えの輪郭が浮かび上がってくる場合が少なくありません。したがって、リサーチ・クエスチョンを育てていく際の試行錯誤のプロセスについてきちんと理解していくためにも、WhatとWhyを同列に扱っていくことがどうしても必要になってくるのです。

†大野耐一の「なぜを五回」

このWhyとWhatの関係について参考になるのが、トヨタ生産方式を支えてきたアイデアの一つである「なぜを五回」という考え方です。

トヨタ自動車工業の副社長であった大野耐一は、「トヨタ式生産方式」の基本的なアイデアを体系化し、また社内で強力に推進していった人物として知られています。大野は、その著書の中で同社の生産現場では「なぜを五回繰り返す」ことが奨励されていたことを明らかにし、その実例として次のようなものをあげています。

①「なぜ機械は止まったか」→「オーバーロードがかかって、ヒューズが切れたから

だ」
②「なぜオーバーロードがかかったのか」↓「軸受け部の潤滑が十分ではないからだ」
③「なぜ十分に潤滑しないのか」↓「潤滑ポンプが十分にくみ上げていないからだ」
④「なぜ十分にくみ上げないのか」↓「ポンプの軸が摩耗してガタガタになっているからだ」
⑤「なぜ摩耗したのか」↓「ストレーナー（濾過器）がついていないので、切粉が入ったからだ[27]」

この例に見られるように、トヨタ式（ないし大野流）の「なぜを五回」の前提には、〈一つひとつの問題の実態を確実に把握した上で慎重に原因を探索していく〉という、きわめて丁寧で慎重な手続きがあります。実際、「なぜ（Why）」という問いの繰り返しは、「どうなっているか（What）」という問いを繰り返して事実や実態を明らかにしていく作業を踏まえて次のステップに進むことによってはじめて意味を持つものだと言えます。

同様の点が社会調査についても指摘できます。つまり、右の例と同じようにして、何度となくWhatとWhyの問いに対する答えを求めていく作業を通してこそはじめて、最も重要で中核的な問い（メインクエスチョン）の全体像が浮かび上がってくる場合が少なくないのです。

ある評論家の「なぜを五回」

この点について理解する上では、日本のある評論家の著書でとりあげられていた例が一種の反面教師として役に立ちます。その評論家は、「なぜ（why）を五回」を、「何が真の原因だったのかに気づき、その部分を起点に社会を変える方法を考えることができ」る手法として推奨した上で、次のような例をあげていました。

①「なぜ、日本は変化対応力が弱く保守化したのか」↓「老人の支配力が強いからだ」

②「なぜ、老人が支配するのか」↓「老人が六〇歳を過ぎても、仕事に固執するからだ」

③「なぜ、老人が仕事に固執するのか」↓「日本の老人は海外先進国に比べると、とてつもなく不安で、孤独だからだ」

④「なぜ、不安で孤独なのか」↓「家族や地域社会に必要とされないからだ」

⑤「なぜ、家族や地域社会に必要とされないのか」↓「それは定年までの間、あまりにも長い時間を会社に使いすぎて、会社以外に居場所がないからだ」[28]

これは、日本において「シルバー資本主義（老人が会社を経営し、老人が政治を取り仕切る社会体制）」が蔓延している状況の背後にある「真の原因」を明らかにするために「なぜ（why）を五回」という発想を適用してみた例なのだそうです。

しかし、これはトヨタ式の「なぜを五回」とは明らかに似て非なるものです。というのも、この例では、What の問いに対する答えの裏付けとなるはずのデータは全くといってよいほど示されていないからです。さらに、この一連の問いのプロセスを開始するためには、「シルバー資本主義という状況が日本社会において『蔓延』している」という事実が確認されていなければならないはずです。しかし、この評論家の本では、その点に関しても確実な根拠となるようなデータが示されてはいません（そもそも、その種のデータが現実に存在するとは考えにくい面もありますが）。

つまり、トヨタの「なぜを五回」とは対照的に、この場合は、単に Why の問いが機械的に繰り返されているだけだと言えます。そのために、「なぜ（Why）」が繰り返されるたびに「真の原因」が絞り込まれていくどころか、むしろ逆に視点が拡散していくのです。

当然ですが、具体的にどのような What と Why の問いをメインクエスチョンとして設定していくかは、かなりの程度、「どのような目的で調査研究をおこなおうとしているのか?」という点に依存します。次章では、その、調査の基本的な目的という点と「問いのかたち」との関係について考えていきます。その検討の結果からは、2Wつまり記述と説明に加えてもう一つ別のタイプの問いを設定する必要性が出てくるケースがあることが明らかになってきます。

コラム　リサーチ・クエスチョンに関する各種の類型論[29]

リサーチ・クエスチョンについては、本章で解説している What と Why の二分法以外に実にさまざまな類型論(タイプ分け)が提案されてきました。例えば、英国の社会調査方法論の専門家マーチン・デンスコムは、研究の目的を記述、説明、探索(新しい理論や概念の開発)の三つに分けた上で、それを拡張する形で次の六類型を提案しています。

①結果を予測する(将来どのようなことが起こるか?)
②物事の原因や結果について説明する(なぜ、ある種の物事は起きるのか?)
③物事について批評あるいは評価する(それはどれだけ機能しているか?)

④物事について記述する（それは、どうなっているか？）
⑤優れた実践の方法を開発する（それはどうすれば改善できるか？）
⑥地位向上の手段の開発（どうすれば人々の地位を向上できるか？）

一方、スウェーデンと豪州の社会学者のマッツ・アルヴェッソンとヨルゲン・サンドバーグは、異なるリサーチ・クエスチョンのあいだの関係という点に焦点をあてて、記述の問い、比較の問い、説明の問い、規範的な問いという四分類を提案します。また、彼らはこれら四種類の問いは、右に挙げた順番において先行する問いに対する答えは次に続く問いにとっての前提になるとしています。例えば、物事の実態を明らかにする記述の問いに対する答えが提示されていなければ比較も出来なければ、因果関係を問う説明の問いも、また改善策を探る規範的な問いを設定することも出来ない、ということになるでしょう。

英国の政治学者のサンドラ・ハルペリンとオリバー・ヒースが提案する類型論は、記述、説明、予測、処方、規範という五つのタイプから構成されています。この類型論は、右の二つのタイプ分けと重複する点が多いのですが、最後の「規範的な問い」は、物事の価値判断（何が最善、正当、妥当であるか？）に関わるという点で、アルヴェッソンとサンドバーグの言う、改善策を求めることを目的とする規範的な問い（どうすれば良いか？）とは明らかに異なるものです。

実際に調査研究をおこなう際には、折に触れて、これらの類型論も参考にしながら、自分が立てたリサーチ・クエスチョンがそれぞれどのような目的のために設定したものであるか、という点について確認しておくと良いでしょう。また、例えば一つひとつのリサーチ・クエスチョンをカードに書き込んだ上で並べ替えたりしながら、複数の問いのあいだの関係について検討してみるというような工夫が有効である場合も少なくありません。

第3章

問いの目的について確認する——そもそも何のために問うのか?

1 謎解きとしてのリサーチ、ルーチンワークとしてのアンケート調査

†分からないこそ面白い!

『ガリレオ』は、東野圭吾による推理小説を原作にして二〇〇七年から二〇一三年まで二シーズンにわたってフジテレビ系列で放映された人気テレビドラマです。主人公は、「帝都大学」に准教授として勤務する物理学者の湯川学(演・福山雅治)。ほぼ毎回のエピソードの筋立ては、新人女性刑事(演・シーズン1=柴咲コウ、シーズン2=吉高由里子)や湯川の友人の刑事(演・北村一輝)が持ち込む解決不可能とも思える不可思議な犯罪事件の真

「さっぱり分からない、実に面白い！」

相を、湯川が物理学の知識を駆使して解き明かす、というものです。『ガリレオ』という番組タイトルは、湯川が非常に優秀な物理学者である一方で日常生活では世間の常識から外れた言動が多く、友人や研究室の学生などからは「変人ガリレオ」というあだ名で呼ばれていることからきています。

そのガリレオこと主人公の湯川は、調査への協力を求められた際に最初のうちはすげなく断ってしまう、というのがドラマの導入部の基本的な（お約束の）パターンです。しかし、彼は、事件が不可解なものであることが分かると態度を一変させて旺盛な好奇心と関心を示し、むしろ積極的に事件の謎の解明に取り組んでいきます。その際の決め台詞の一つに、次のものがあります——「さっぱり分からない。実に面白い！」。

当然ですが、社会調査をおこなうきっかけや動機にはさまざまなものがあります。その中で最も重要であり、また、思いがけない発見や新たな理論的解釈に結びついていく可能性が高いのは、その調査に、何らかの点で謎解きの面白さや知的興奮をもたらす要素が含まれている場合でしょう。例えば、簡単には答えが出てこない（＝「さっぱり分からない」）リサーチ・クエスチョンに対して果敢に取り組んでいく時などは、調査研究は非常にエキサイティングな（＝「実に面白い！」）ものになっていくと思われます。

†謎解きとしての「リサーチ」

英語の「リサーチ（research）」という言葉には、そのような点が本質的な意味内容として含まれていると考えることが出来ます。

これについて最も明快な形で述べているのは、おそらく、次にあげるオックスフォード英語辞典（ウェブ版）による定義でしょう（引用に際してゴシック体で強調を加えました）。

【research】 the **systematic** investigation into and study of materials and sources in order to establish facts and reach **new** conclusions［事実について明確にし、**新しい**結論に達するためにおこなわれる、資料や情報源についての**システマティックな探求**と研究］

右の定義に含まれている幾つかのポイントのうち、特に重要なのは、次の二点です。

①調査研究（リサーチ）の目的は**新しい知識**や情報を得ることにある

②その目的を達成するための手段は**システマティックな探求**でなければならない

このオックスフォード英語辞典の定義で明確に示されているように、「リサーチ」というのは、本来、誰にもまだよく分かっていない事柄があるからこそ、その事柄に関する事実を新しい知識や情報として獲得するためにおこなわれるものです。すなわち、リサーチの究極の目的は何らかの「ニュース」を提供することなのです。

当然ですが、ただ単に目新しいだけでは意味がありません。リサーチによって提供される新しい情報はシステマティックな探求、つまり、きちんとした調査の手続きを経た上で入手されたものであるべきなのです。

この二つ目のポイントが十分に認識されていないからこそ、例えば新聞や雑誌などで大々的に取りあげられる、いわゆる「アンケート調査」の多くが、無意味で無価値な情報をもたらすものになってしまっているわけです。それは特に、「アンケートの結果、意外な事実が判明！」などという煽《あお》り文句とともに公表される新聞や雑誌の記事について指摘できます。同じようなことは、例えば、「激変する大学序列!!」、「就職人気ランキング激変！」などと感嘆符付きで囃《はや》し立てて読者の関心を引こうとする大学や企業のランキングに関する特集記事などについても言えます。

それらの記事は、たしかに一時的には読者の関心を引きつけられるかも知れません。しかし、それは本当の意味での面白さではなく、見かけだけの「意外さ」ないし「面白おかしさ」という程度のものに過ぎません。本来のリサーチは、もっと深いレベルでの好奇心や探究心を満足させる情報を含むもの、英語にすればThat's interesting!(「実に面白い!」)と言えるようなものでなければならないのです。[1]

このような魅力的な謎解きが調査研究の目的である場合には、まさに、第二章で解説したWhatとWhyの問いの繰り返しを通して問題の本質に迫っていくアプローチが重要なポイントの一つになってきます。また、その試みの結果として出来上がってくる論文や調査報告書は、極上のミステリー小説のような、スリリングで魅力的なものになるに違いありません。

†ルーチンワークとしての退屈きわまりない調査

もっとも、一般にリサーチないし調査と呼ばれているものの中にも、さまざまな種類のものがあります。例えば、右に挙げたアンケート調査や何らかのランキングあるいは格付けのためにおこなわれる調査などは、新聞社や雑誌社あるいはそれらの企業から実際の調査を受託した調査会社などがルーチンワーク的な業務の一環として実施しているケースも多いでしょう。

これについては、その種の調査をおこなっている当事者の証言というわけではありませんが、次に挙げる伊坂幸太郎による小説の一節が参考になります。

> マーケットリサーチ、という単語はすでに、時代遅れの二枚目のような恥ずかしいものに思えるのだが、うちの会社の業務内容は大雑把に言えば、それだ。依頼された調査内容に合わせ、設問を用意し、回答サンプルを集め、計算や統計を行う。コップ半分の水を見て、「まだ半分もある」と述べることも、「もう半分しかない」と述べることも可能なように、情報や統計は見せ方により、どんなものの根拠にも使えるのだが、とにかく依頼主の意向になるべく沿った報告書を作る。[2]

もちろん、世の中の全てのマーケットリサーチないしマーケティング・リサーチが右の引用で表現されているような性格のものであるとは限りません。しかし、最初から依頼主（クライアント）の意向に沿った結果を出すことが想定されている、いわばアリバイ作りのためのアンケート調査の場合、謎解きの要素はほとんど皆無でしょう。したがってまた、そのリサーチ・クエスチョンには面白さの要素などはあまり無いのではないかと思われます。

同様の点は、中央官庁や自治体が主体となっておこなう「意識調査」などについても言えます。[3] また、日本の大学でおこなわれてきた「授業評価アンケート」にも同じようなことが指摘できるかも知れません。中には、その種のアンケートを授業改善のための有効な手段として積極的に活用している大学も少なくないと思われます。しかし、その一方で、授業評価アンケートが大学改革の「アリバイ」として使われているとしか思えない例も少なからず存在しているのです（その背景については、拙著『大学改革の迷走』（ちくま新書）でも解説しています）。

いずれにせよ、以上のようなマーケットリサーチやアンケートは、たしかに形式上の特徴からすれば「調査」の一種だと言えるのかも知れません。しかし、それらの調査は、本来の意味での「research」とはほど遠いところがあるのです。[4]

2 三種類の問題関心

†調査の目的とリサーチ・クエスチョンの性格――読者あっての「面白さ」

こうしてみると、調査研究およびそれに関連して設定されるリサーチ・クエスチョンの基本的な性格や「面白さ」は、「そもそもどのような目的のために調査をおこなうのか？」

という点にかなり左右される、ということが言えそうです。実際、その目的や問題関心のあり方次第によっては、「分からないからこそ面白い謎」を追究することにはそれほど重要な意味がないことだってあるでしょう。例えば、「枯れた知識」、つまり既に確立された知識や技術を適切に応用して技術上の問題を解決するような場合です。当然ですが、そのような場合に設定される研究上の問いの性格は、謎解きを目指す場合のリサーチ・クエスチョンの性格とはかなり異なるものになる可能性があります。

特定の問いの基本的な性格について検討する上で、この、調査研究の目的という点に加えてもう一つ考えておかなければならないポイントがあります。それは、「論文や報告書の読者としてどのような人々を想定するか？」という点です。言葉を換えて言えば、誰に評価してもらえるか、あるいは誰に面白がってもらうことを目指すか、という点です。

実際、当然とも言えますが、論文というのは、本来、何らかの意味での読者に向けて公表ないし発表されるべきものです。同じように、報告書は文字通り誰かに向けて調査の成果を「報告」するためのものです。したがって、調査研究それ自体およびそのリサーチ・クエスチョンの性格や意義について考えていく際には、その前提として、論文や報告書が、特定の人々に向けて何らかのコミュニケーションをおこなうための媒体（メディア）であることを理解しておくべきです。また、何らかの調査対象を選択した上でリサーチ・クエスチョンを絞り込んでいく際には、調査報告の受け手となる人々の構成や性格、またおよその「規模感」（人数・範囲など）についてある程度の目安をつけておく必要があります。

†三つの目的と問題関心

この、調査の目的と主な読者の種類や範囲という二つの点について総合的に考えていく上で有効だと思われるのが、次ページの図3‐1です。これは、リサーチの目的ないし問題関心を、経営学者の田村正紀による分類を踏まえて次の三つに分けてみたものです。

- ・個人的関心――主として調査者個人に限定される問題関心（C領域）
- ・社会の関心――実務上・実践上の問題解決に関わる関心（S領域）
- ・学界の関心――新しい知識や技術の創造に関わる問題関心（A領域）

以上の三種類の目的ないし問題関心は、調査に関わる人々がそれぞれ、英語で言えば、“So what?”つまり誰かに「その事実が分かったらといって、どうなるの？（どのような意味・意義があるの？）」と聞かれた際の答えになるものだと言えます。また、図中に※印で示したように、これら三種の問題関心は「誰にとってどのような価値があるか？」、つま

図3-1　問題関心の三領域[5]

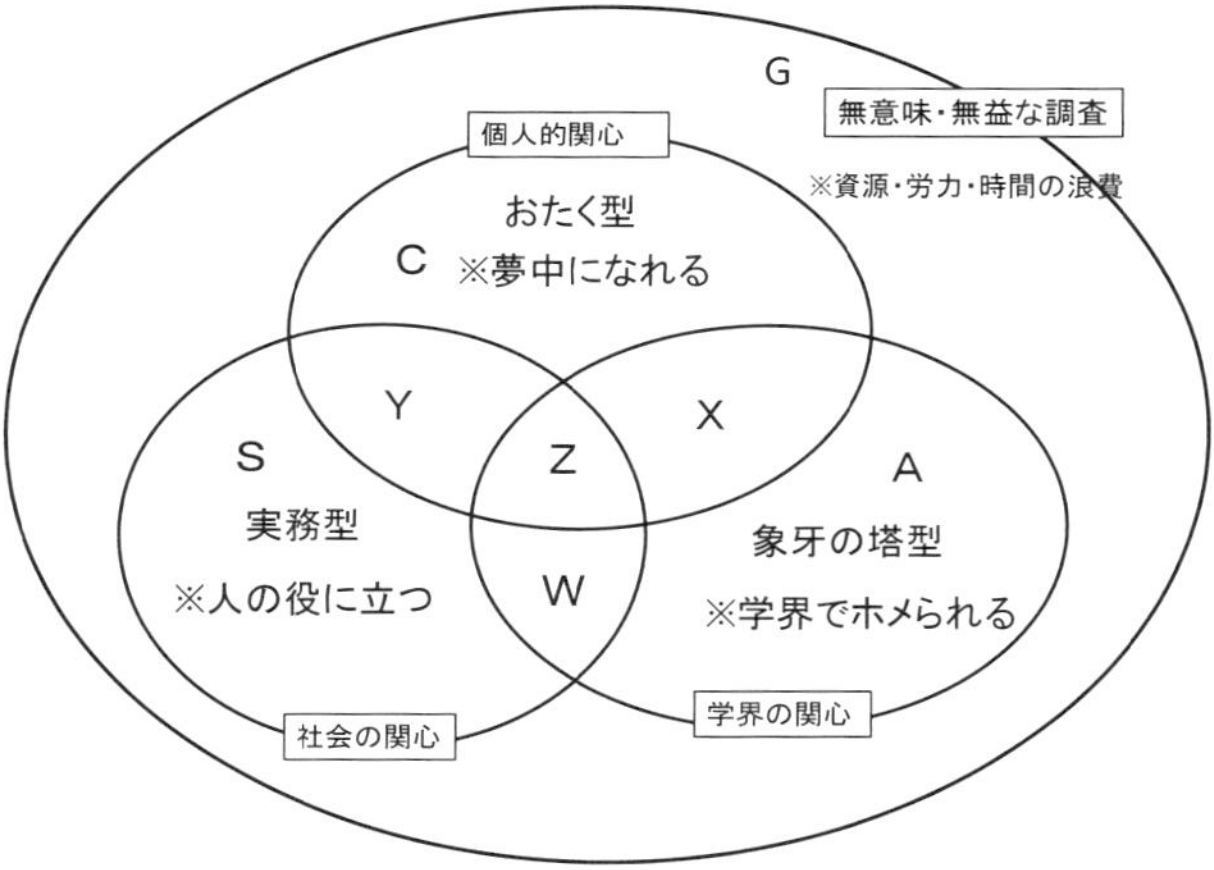

り、どのような読者を想定するかという観点から区別することもできます。（C、S、Aはそれぞれ Curiosity（好奇心）、Society（社会）、Academy（アカデミー）から来ています。また、これらの頭文字は参考にした文献におけるアルファベットの用法とは変えてあります。）

✝それぞれの問題関心の特徴

田村は、図3－1では「個人的関心」（C領域）として分類した問題関心の典型として、学部学生が卒業論文（卒論）のテーマを選択する際の動機づけを挙げています。小中学校での「調べ学習」などのテーマなども多くはこれに分類できるでしょう。

この場合、指導教員や学校の先生あるいは

同級生などには高く評価してもらえるかも知れませんが、それ以上に優先されるべき「読者」は調査をおこなう人自身でしょう。つまり、調査者自身が興味関心を持ち「面白さ」を感じながら調査ないし「調べごと」に取り組んでいくことがC領域の顕著な特徴なのです。

この領域の場合には、調査者自身は「分からない」からこそ調べることに意義があると思い込んでいたとしても、実際には、一般的な文献やインターネット上の情報をチェックしてみれば比較的簡単に答えが判明してしまうような問題が含まれているかも知れません。しかし、たとえそのような場合であっても、調査者自身が面白さを感じて夢中になれることには、それだけでも十分な価値と意義があると言えます。事実、学校教育の一環としておこなわれる調査の場合には、生徒や学生が面白さを感じ、良い意味での「おたく」的な情熱を持って積極的に調べごとに取り組むことには大きな教育的意義があると言えるでしょう。

S領域（社会の関心）に該当する実務型のリサーチの場合は、文字通り、実社会で重要なものとして考えられている問題の解決を目指すことが主な関心事項になっています。企業や官公庁あるいはNPOやNGOなどの関係者がおこなう調査研究の場合には、本来、このような問題関心が優先されるべきであることは言うまでもありません。

実社会での実践への貢献についての関心をもとにして調査をおこなう場合は、新しい知識を獲得したり社会現象について斬新な視点から説明をおこなったりする、というようなことが目的になる例はそれほど多くはないかも知れません。むしろ、S領域のリサーチでは、既に確立されている知識や技術を応用ないし適用して何らかの問題の解決をはかる、というような作業が中心になります。社会調査の場合で言えば、例えば、社会問題の実態とその背景を明らかにして改善策を提案するといったような場合が、このS領域に該当します。いずれにせよ、その実務型の問題関心にもとづくリサーチが一定の成果を収めた場合には、かなり広い範囲の人々から好意的な評価を受けることになることも多いでしょう。

A領域の「**学界の関心**」の典型は、大学や研究所の関係者などが抱く問題関心です。この象牙の塔型では、国内外の学界関係者たちに評価される＝「ホメてもらえる」ことが最大の関心事項になっている場合が多くなります。したがって、その研究成果の価値を理解し、また評価してくれる人々の範囲がかなり限定される例も少なくないでしょう。

一方で、このA領域に分類できる調査研究では、既存の文献情報などについて検討するだけでは簡単に答えが見つけられない問題に取り組むことが重要な意味を持っている場合が少なくありません。まさにresearchという言葉が似つかわしい調査研究であると言えます。なお、学術上の目覚ましい貢献は、必ずしも既によく知られていた問いに対する新しい答えや解決策を提示することによって達成されてきたわけではありません。画期的な学術上の貢献は、むしろ、それまで誰一人として「解くべき問題」（あるいは「解くことが出来る問題」）として取り上げることすら思いつかなかった斬新な問題領域を提案し、またそれをリサーチ・クエスチョンとしてまとめあげた場合に生み出される場合が少なくなかったのです。[6]

†ハイブリッドな問題関心

当然ですが、実際に調査研究をおこなう際の目的や動機は、上であげた三つの問題関心のどれか一つだけに限定されるわけではありません。むしろ、複数の問題関心が重複している場合の方が多いでしょう。これが、図3-1ではWからZまでの記号で示した四つの領域です。

例えばX領域は、調査者本人が情熱を持って取り組んでいるリサーチが、同時に学界でも高く評価されているケースです。W領域は、調査者自身は個人的にはそれほど情熱や意欲を持って取り組んでいるわけではないものの、学界内では高く評価され、また実務的にも役に立つ見込みのあるリサーチだと言えます。Y領域の場合は、実務の上で有用でありまた個人的にも強い関心を持って取り組める課題です。例えば、学問的にはそれほど新味がない「枯れた」知識や技術がどれだけ実務に応用できるかという点を確認するために調査をおこなうような場合です。

そして、ある意味で理想的であり、また調査研究の究極の目標とも言えるのは、当然のことながら、図の「ど真ん中」に位置するZ領域の問いです。つまり、学問上で革新的な意味があるだけでなく社会的にも意義のあるリサーチ・クエスチョンであり、かつその問いが個人的な問題関心にも合致しているというケースです。

†G領域の調査がツマラないものになってしまう理由《わけ》

なお、図3-1には、全ての問題関心が交わるZ領域とは対照的な領域を「G」としてあげておきました。これは、三種類の問題関心のどれにも分類できない、まさに先に挙げたルーチンワークとしての調査などが該当する領域だと言えます。その意味で、Garbage(屑《くず》)の頭文字を取って「G」としました。

社会調査の世界では、GIGO《ガイゴウ》という言葉がよく使われます。Garbage In Garbage Outの略語であり、「屑入れ屑出し」と訳すことができます。肝心のデータの質が低ければ、どのように高度な解析手法を適用してみたとしてもその分析結果は無価値なものでしかない、というような意味です。G領域に属する調査は、まさにその意味ではGIGO的な性格を帯びています（ただしG領域の調査の場合には、高度な解析手法などはむしろ必要とされないことの方が多いのですが……）。

そのGarbageのような調査の典型としては、先に挙げた新聞社や雑誌社がおこなう「アンケート」や行政機関などで予算消化のためだけに実施される意識調査などがあげられます。また、例えば当初の計画で「科学的エビデンスの入手を目指して調査をおこなう」などと高らかに宣言してしまったために、苦しまぎれに調査研究の素養に乏しい職員や社員あるいは教員を担当者に据えて調査を実施した場合なども、結果としてはG領域に分類される調査報告書が出来上がってきます。

その種の、いわば「アリバイづくり」だけのために実施される調査の場合、調査者自身が意欲を持って作業に取り組めるはずなどありません。また、大半は社会的にもほとんど何の役に立たない調査になるでしょう。当然、アカデミックな世界から高い評価が得られるわけはありません。当然ですが、そのようなアンケート調査や意識調査は、退屈で面白みに欠けた調査になってしまいます。したがってまた、その場合のリサーチ・クエスチョンも投げやりなものになっていることでしょう。（そのような報告書の実例を、本書の姉妹編の一つである『社会調査の考え方』（東京大学出版会）の第9章で取り上げています。）

†A領域（象牙の塔型）の調査がルーチンワークになってしまう時

ここで注意しておきたいのは、図3−1では一応G領域以外に分類できる調査研究の場合でも、肝心の調査者自身が興味を持てなければ、不毛なルーチンワークになってしまう可能性がある、という点です。その典型としては、A領域の学術研究が知的好奇心や探究心というよりは、むしろ確実に効率よく研究業績を量産する（「稼ぐ」）ためにおこなわれるようなケースが挙げられます。当然ですが、このような場合のリサーチがX領域に含まれるわけなどあり得ません。

実際、そのような場合は、たとえ非常に狭い範囲の学界内（＝「ムラ」の中）ではある程度の評価を受けたとしても、論文の著者自身にとってはそれほど面白みが無い調査研究になってしまうでしょう。というのも、そのような「安全策」をとる場合、これまで誰も挑戦したことがないような大きな謎に取り組むよりは、確実に一定の成果が望めるような定番的なリサーチ・クエスチョンを設定した方がはるかに得策だからです。また、実は、その種の定番ないし定石とも言える研究上の問いについては、最初からその答えがほぼ分かっているようなケースも多いのです。

なお、本書は入門的な解説書です。読者の多くは初学者、特にこれから卒業論文や修士論文を書こうとしている人々だと思われます。その人たちの場合は、右で述べたような研究業績を量産しなければならないというプレッシャーとは無縁である場合が多いでしょう。また、ただちに実務的な応用可能性がある問題に取り組む必要があるというわけでもないと思われます。その点では色々な「大人の事情」や「しがらみ」から自由な、ある意味で非常に恵まれた立場にあるわけです。したがって、大学教員でもあるわたしとしては、自分自身の知的好奇心や個人的関心、つまりC領域の問題関心を中心に据えて追求していくことを推奨したいと思います。

もっとも、その際に注意しなければならない点が一つあります。それは、自分では大胆な謎解きの探究だとおもっていたものが、実は「ひとりよがり」――あまり好ましくない意味での「オタク」的な熱中――に過ぎなかったという可能性があるという点です。例えば、文献の検討が不十分であるために、斬新な研究テーマやリサーチ・クエスチョンだと思っていたものが実は先行研究で既にあらかた答えが出てしまっている場合もよくあります。そのような事態を防ぐためには、可能なかぎり先行研究や先行調査を踏まえた上でリサーチ・クエスチョンを設定することによって、少しでもX領域に近づけていくことを心がけたいものです（そのための文献レビューの要点やコツについては、本書の姉妹編でもある『ビジネス・リサーチ』（東洋経済新報社）である程度詳しく解説しておきました。）

3　2Wから2W1Hへ――確かなエビデンスにもとづくHow to(処方箋)の提案[7]

†実態と原因の解明から改善策の提案へ

調査研究における基本的な問題関心がどのようなタイプのものであったとしても、第2章で強調したように、WhatとWhyの問いを繰り返していくことによって問題の本質に迫っていくことは非常に重要なポイントになります。実際、確実な事実関係の把握にもとづく的確な「記述」を踏まえることなくおこなわれる「説明」(因果関係についての解釈)は単なるモデルづくりになってしまうでしょう。もちろん、その逆も言えます。つまり、因果関係の解明を目指す「説明」を抜きにして、単に見たこと、聞いたこと、読んだことを平板に書き連ねていくだけだとしたら、それは単なるファクト・ファインディングと言われても仕方がない「ベタな記述」に終わってしまうでしょう。

一方で、調査研究の目的によってはこのWhatとWhyの問いに加えてもう一つ、次のような問いを設定することがどうしても必要になってくる場合があります。

How to の問い（「どうすれば良いか？」）――改善策に関わる問い・問題解決のための処方箋の提案に関わる問い

図3-1で言えば特にS領域の実務型、つまり実社会における実践を中心とする問題関心の場合には、このHow to の問いがきわめて重要な意味を持つことになります。事実、そのような問題関心の場合には、何らかの問題を含む社会現象の実態とその背景についてできるだけ正確に把握するだけでなく、その分析にもとづいて事態をより良い方向に向けて変えていくための改善策を提案することが求められる場合が少なくありません[8]。

その点を踏まえて、本書では、S領域に分類できる問題関心を持って臨む調査研究で設定される主なリサーチ・クエスチョンについては、WhatとWhyにHow toを加えた「2W1H」[9]という問いの組み合わせを提案したいと思います。

†2W1H＝検査・診断・処方

2W1Hを構成する三種類の問いのあいだの関係については、医療の場合に喩えてみると分かりやすくなってくるかも知れません。

医療行為の場合には、次のような三つの問いがワンセットになってうまくかみ合った時にこそ健康の回復、時には生命の危機からの脱出が望めるでしょう。

What（検査）――症状はどのようなものか？
Why（診断）――何がその症状を引き起こしている（真の）病因なのか？
How to（処方）――その病因による症状を改善させるためにはどのような治療を施せば良いか？

実際、右の三つの問いのうちのどれかに対する答えが不満足ないし不十分なものであった場合には、患者の快復は困難なものになってしまうことが多いでしょう。例えば、検査と診断は的確なものであり病名と病因が明らかになってはいるものの何ら有効な治療法が打ち出されない、というような場合です。そのような場合、非常に残念なことですが、その医療行為は結果として患者本人とその近親者や知人の期待にそぐわないものになってしまうでしょう。（もちろん、医療関係者にとっても痛恨の事態だと言えます。）

同じようなことは、社会調査についても指摘できます。特に実務型の調査研究の場合は、How to の問いにまで踏み込んで研究がおこなわれた時にこそ意義があるものになると言えるでしょう（また実際問題として、S領域の研究では、最初から問題解決を目指す How to の問いを念頭において調査がおこなわれることが多いはずです）。実際、事実関係と因果関係が明らかになったとしても、事態の改善策が示されない場合、問題に直面している当事者の人々の状況は、病名と病因は告知されたものの有効な治療法が示されない患者の境遇と同じようなものになるでしょう。

†WhatとWhyの繰り返しからHow toへ

第2章では、〈社会調査においては、WhatとWhyの問いを何度か繰り返すことによって問題の本質的な側面に迫ることが出来る場合が多い〉という点について解説しました。それと同じように、医療の場合でも一度や二度の診察や検査だけでは、患者に痛みや苦しみを与えている症状の根本的な原因が明らかにならない場合も多いでしょう。その場合は、検査を繰り返してみたり異なる検査法を組み合わせてみたりすることによって、表に現れている症状の根本的な原因を突き止めることになります。さらに、その最終的な診断（確定診断）を踏まえて有効な治療法を探し求めていく場合が多いでしょう。

この医療の例と同様に、実務型の問題関心にもとづく調査研究の場合には、現状とその問題点を可能な限り正確に把握し、何が問題の根底にある根本的な原因なのかを明らかにした上で事態の改善に向けた対策を練っていく必要が生じる場合が少なくありません。図

3-2はそのような、WhatとWhyの問いの積み重ねを通して有効な改善策を探っていく、というアプローチを図解してみたものです。

一方、図3-3は、それとは対照的な状況を示しています。この図では、WhatもWhyも小さめの、しかも薄い色の字で書かれています。これは、原因の解明どころか実態の把握すら中途半端なものに終わっている、という事態を表現しています。また、図3-2とは違って、WhatからWhyへと向かう右向きの矢印が一本あるだけで、その反対

図3-2　2Wと1Hの理想的な関係[10]

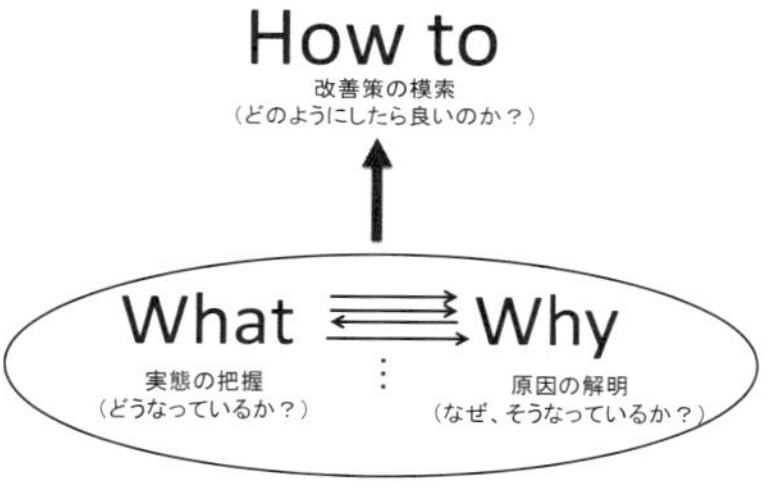

図3-3　小手先の対症療法的な改善策[11]

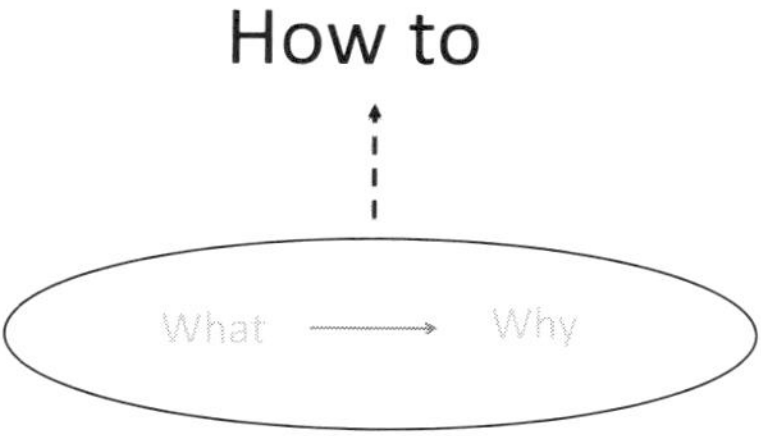

の左向きの矢印は一切ありません。これは、初期段階の調査で原因と思われていたものに対して改めて焦点をあてて実態をさらに深掘りしていくような作業がおこなわれていないことを表現しています。このように不徹底な調査で「お茶を濁した」末に提案される根拠薄弱な改善策は、小手先の対症療法的な施策に終わってしまうに違いありません。

†How to から再び2Wへ——「2W1Hを五回」

医療の場合でも、あるいは実務型の社会調査であっても、問題の実態（症状・病相）の把握と原因（病因）の解明を通して何らかの改善策（処方箋）が提示されたとしても、その対策が必ずしも期待された効果を上げるとは限りません。その場合は、当初策定した改善策を適用して実際に得られた結果に関する正確な把握を踏まえた上で、思わしい結果が出なかった原因を探っていく作業が必要になります。その検討作業の結論を踏まえて新たな改善策を立案・適用して、その結果について検討していくことになります。また、さらにその検討を踏まえた上で改善策の内容に修正を加えていく必要が生じることも多いでしょう。

図3-2では、2WからHow toへと向かう矢印は一本だけでした。それに対して、右に述べたような、効果の検証とそれにもとづく改善策の修正や調整を何度か繰り返してい

くような実践については、図3-4のように、WhatとWhyのあいだだけではなく2Wと1Hのあいだにも何本かの矢印が引かれている図によって表現できるかも知れません。例えば、第2章で解説したトヨタ自動車工業の「Whyを五回」というのは、実際には、この図に示したWhat、Why、How toの「三点セット」を何度も繰り返して実践した事例だったと思われます。事実、この例では、現場では、潤滑ポンプの調整やヒューズの入れ替えなどさまざまな改善策を試してみた結果として、「ストレーナー（濾過器）の欠如による切粉の混入」という根本的な原因が突き止められ、それに対する抜本的な改善策がとられたと考えることが出来るのです。もしそうだとしたら、トヨタの製造現場で採用されていたのは「Whyを五回」ではなく、実際には「2W1Hを五回」という性格を持つ実践だったのだと言えるでしょう。

図3-4　2W1Hの繰り返し

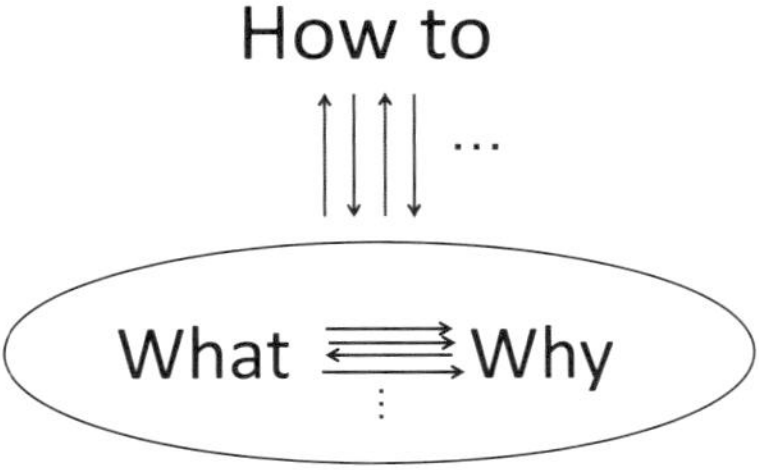

コラム　最初からHow toの問いを想定しておくことの意義

卒業研究の一環としておこなわれる調査などの場合には、真正面からHow toの問いに取り組んで作業をおこなうことはそれほど多くないかも知れません。また、事実の確認や原因の解明がまだしっかりと出来ていない状態で生半可に改善策を提案することは「僭越」だとする考え方もあるでしょう。もっとも、最初の段階から何らかの実務上の改善策を念頭に置いて調査研究を進めていくことは、リサーチの実践的な意味合いについてより深いレベルで考えていく上で効果的であることも多いと思われます。

例えば、A領域に分類できる「象牙の塔型」の論文の場合、最後の考察の部分で「実践的含意」に関する解説が含まれていることは少なくありません。つまり、研究成果が現場の実務家（例えば、企業人、教育者、行政関係者など）にとってどのように活用できるか、という点などに関する解説です。それらの解説には、実務にとって有効な改善提案を含むものも多いでしょう。しかし、中には、前後の文脈からすれば取って付けたような印象が否定できないものもあるようです[12]。

その主な理由の一つは、その改善策がかなり後の段階になってから――場合によっては論文の執筆段階になってはじめて――考察対象になったことによると思われます。それに対して、もし比較的早い段階から、図3－2ないし図3－4のような問いの往復運動を想定して作業を進めていくことができれば、より実務現場の実情に根ざした実りある提案が可能になると思われます。

また、実践に関わるHow toの問いを念頭に置いて調査研究の作業を進めていくことには、もう一点、自分自身の価値観について自覚的になれるという利点もあると思われます。実際、一見実務とは縁遠いように見える象牙の塔型の場合であっても、社会現象が対象となるリサーチの場合には、その現象の「あるべき姿」に関する信念や思い込みが知らず識らずのあいだに問題設定やデータの解釈の中に入り込んでいることは少なくありません。ですので、その「あるべき姿」に関する自分の考え方に向き合ってみることは、自分自身の価値判断のあり方について検討してみる上で貴重な機会になると思われます。

4　問いの往復運動とリサーチ・クエスチョンの「仕切り直し」

†「往復運動」に区切りをつけて論文の草稿を書いてみる

当然ですが、どのような種類の調査研究の場合であっても、それに使える時間が無限にあるわけではありません。ですので、What と Why の問いを繰り返す場合にせよ、あるいは How to の問いにまで踏み込んで2W1Hの「往復運動」をおこなう場合にせよ、どこかの時点でいったん区切りをつけて、それまでおこなってきた調査研究で得られた資料や情報を何らかの形で整理してまとめておく必要があります。

区切りをつける上での重要なきっかけの中には、論文や報告書の締め切りや納期という時間的な制約条件もあります。しかし、そのような現実的な制約に加えて、またある意味でそれらの条件以上に重要なのは、調査の途中段階で論文の草稿を書いてみる、という作業が持つ意味です。実際、**ほとんど全てのデータ収集とデータ分析の作業が完了してしまってから論文や報告書を書くというのでは遅すぎる**のです。したがって、論文や調査報告書の章立てやその概要は、「手遅れ」になってしまわない内に、むしろできるだけ早く書き留めておく必要があります。

というのも、調査の途中段階でそれまでに判明した事柄を一貫した筋立てにまとめてみることによって、分析に深みが出てくることがよくあるからです。その筋立ては、定番的な「序論・方法・結果・考察」やIMRADの形式でもいいでしょう。あるいは、もっとインフォーマルな覚え書きのような形式でも構いません（ただし、単なる箇条書きでは全く意味がありません）。

どのような筋立てを採用する場合にせよ、ある一定の時点で、リサーチ・クエスチョンや仮説あるいは発見事実などについて改めて何らかのストーリー性があるひと続きの文章で書いてみると、調査研究全体の輪郭がより明確なものになっていきます。また、一つひとつの情報が全体像の中にしっかりと位置づけられるようにもなります。

†書くことによって調べる

例えば、最終的には三〇人から四〇人程度の関係者を対象にしてインタビューをおこなうことを想定していたとします。その場合には、数人のインタビューが終わった段階で論文の草稿を書いてみる、というやり方が考えられます。

もちろん、数人のインタビューから得られた情報だけでは完成版の論文を書き上げる上で必要となる情報からはほど遠いものがあります。しかし、たとえごく限られた情報ではあっても、「聞き取りの内容が最終的に書き上げる予定の論文の中でどういう位置づけになるか？」という点について考えながら草稿を書いていくことには大きな意味があります。例えば、そのような作業によって、インタビューを通して得られたさまざまな情報が研究上の問いや仮説とどのような関係になるか、という点が少しずつ明確になっていくことがあるでしょう。

また、そのように草稿や簡単なメモを作成していく作業を通じて、それまでのインタビューではウッカリ聞き漏らしてしまっていた非常に重要なポイントが見えてくることもあります。さらに、当初の想定を越えて対象者の範囲を広げていく必要性が明らかになってくる場合も少なくありません。

このように、論文や調査報告書の執筆には、〈調査の結果として最終的に見えてきたこと（＝分かったこと）を書く作業〉というだけにはとどまらない側面があります。それに加えて、調査報告の執筆には、「ひと続きの文章を書くことによって見えるようにする」という役割、つまりデータを分析する作業としての役割があるのです。言葉を換えて言えば、論文や報告書の草稿を執筆する作業には、ただ単に「調べたことを書く」という以上に、実際には「**書くことによって調べる作業**」としての性格があるのです。

†書くことによってリサーチ・クエスチョンを見直していく

そして、本書で強調してきた「調査研究における試行錯誤のプロセス」という点との関係で最も重要なのは、この、**ストーリー性のある草稿を書くという作業がリサーチ・クエスチョンの大幅な見直しに結びついていくことが稀ではないという点です。**

事実、調査研究をおこなっていく中では、調査研究全体の方向性を示す包括的なリサーチ・クエスチョンから個別具体的な調査課題に対応したリサーチ・クエスチョンに至るまで実にさまざまな種類の研究上の問いが新たに浮上してきたり修正を加えられたりすることが少なくありません。場合によっては、調査の初期に設定されたリサーチ・クエスチョンを根本的に見直して、それとは全く異なる問いを構築する必要が生じることさえあります。

論文や報告書の草稿を書き、また必要に応じてそれを何度か書き直すという作業は、このリサーチ・クエスチョンの設定・修正・破棄・再構築をより深みと実りがあるものにしていく上で欠かせない作業なのです。次章では、その段階的な調査研究や論文執筆の作業と各種のリサーチ・クエスチョンとの関係という点について解説を加えていきます。また、調査研究のさまざまな段階で設定されるリサーチ・クエスチョンが、それぞれどのような性格を持っているのかという点についても検討していきます。

コラム　2W1Hの「見分け方」——疑問詞のワナを超えて

2W1Hという「問いの三点セット」を設定していく際には、注意しておかなければならない点が一つあります。それは、ある問いがWhat、Why、How toのどれに該当するかという点について判断する際に問いの文章形式や特定の疑問詞の特徴だけにとらわれていると思わぬ勘違いをしてしまうことがある、という点です。

例えば、「なぜ、夕日ビールの売上高の回復には、今後多様なSNS媒体を活用したマーケティング戦略を採用していく必要があるのか？」という問いが設定されたとします。この疑問文形式の問いの文章には「なぜ」という言葉が含まれているため、一見Whyの問いのようにも見えます。しかし、実際には、この問いは原因と結果の関係を明らかにするために設定されるWhyの問いではありません。むしろ実践上の指針としてのHow toの問い、例えば、「夕日ビールの売上の回復には、どのようなマーケティング戦略を採用していけば良いのか？」という問いに対する答えの一部だと考えることができます。（実際、疑問文の形式にはなっていますが、実際には平叙文形式に書き直して「……SNS媒体を活用したマーケティング戦略を採用していく必要がある」という一種の仮説にすることも出来るでしょう。）

同じようなことは、「夕日ビールの売上の回復に必要なマーケティング戦略は何か？」という問いについても言えます。この文章には、「何か？」という言葉が含まれているために、一見Whatの問いのように思えます。しかしこの問いもまた、右にあげたのと同様にHow toの問いの形に言い換えることが出来るでしょう。

以上のような勘違いや混乱を避けるためには、それぞれの問いの実質的な内容について、以下のように言い換えられるか否かという点について確認してみると良いでしょう。

- What：〇〇は、事実としてどうであるのか？
- Why：〇〇という現象（傾向）は、何と何が原因となって、その結果として生じたのか？
- How to：〇〇という状態を今後改善していくためには、どのような対策を取れば良いのか？

なお当然ですが、Howとは違ってHow toはそもそも疑問詞ではありません。

これらの例からは、これまで何度か指摘した点について改めて確認することができます。つまり、疑問詞の外形的特徴は、リサーチ・クエスチョンの実質的な内容についてて理解しようとする際には、手がかりになるどころか、むしろその妨げになってしまうことも多いのです。[13]

第4章

「ペテン」のからくりを解き明かす

――なぜ、実際の調査と論文のあいだにはギャップがあるのか?

1　論文の舞台裏

†出来上がった後でなければ見せてもらえない設計図《デザイン》の意味?

永年の夢が叶って、退職間際になってからようやく郊外に自宅を建てられるだけの資金の目処《めど》が立ちました。知り合いに聞いてみたり建築専門誌やインターネット上の情報を調べてみたりした上で、比較的評判が良い中堅どころの工務店に設計と施工を依頼することになりました。ところが、何度その工務店に問い合わせても肝心の設計図は見せてもらえないのです。

半年ほどの施工期間を経て、新居は無事竣工の日を迎えることが出来ました。その竣工式の日に改めて工務店の社長に頼んでみたところ、ようやく設計図を見せてもらえました。しかし、その時の社長の言い分は次のようなものだったのです――「安心してください。ほら、ちゃんと設計図通りに出来上がってるでしょ？」

あなたが施主《せしゅ》（建築主）だったら、どのような気持ちになるでしょうか？　新居の外観は立派なものですし、間取りや設備を見る限りでは一見快適な暮らしができそうです。しかし、何しろ最後の最後になってはじめて、その建物の設計図が元々どのようなものだったのかが分かったのですから、とても安心して生活できそうには思えません。もしかしたら、とんでもない手抜き工事がおこなわれていた可能性だって否定できないでしょう。

†事後的に作られる研究計画《リサーチ・デザイン》

現実に右のようなことがあったとしたら、一種のホラーストーリーだと言えるかも知れません。しかし、実は、この施主と工務店の社長のあいだの関係によく似たところが、論文の読者と著者との関係にはあるのです。

研究論文の初めの部分には、通常、その論文の設計図とも言える**リサーチ・デザイン**、つまり調査研究を全体として構成する各種の要素のそれぞれの特徴や相互の関係についての基本的な構想ないし計画案が紹介されています。その要素の中には、リサーチ・クエスチョンの他に、例えば、研究の目的、参考にした理論的枠組み、仮説、データの収集と分析の方法などが含まれます。

当然のことながら、論文の設計図ないし「事前の計画」にあたる、そのリサーチ・デザインを読者が目にするのは、調査研究が終わってしまってからです。[1] したがって、読者としては、本質的には「すべてが終わってからの事後報告」としての性格がある論文を信用するしかないのです。しかし実は、そのリサーチ・デザインは後付けで「デッチあげた」ものなのであって、実際の調査の過程は、それとは似ても似つかぬものだったのかも知れません。それなのに、著者は何食わぬ顔で「論文は、最初に考えたリサーチ・デザイン（計画）通りに出来上がってますよ」と言っている可能性だってあるのです。

†ショウ・マスト・ゴー・オン

実際、例えば、第2章と3章で解説したWhatやWhyあるいはHow toの問いの繰り返しを含む実際の調査プロセスに関する解説を読んで不思議に思った読者の方も多いのではないでしょうか？　第1章では「序論・方法・結果・考察」を実証系の論文の典型的な構成として紹介しました。もし論文というものが事実を正確に伝えるための媒体であるとするならば、少なくとも「方法」のパートで、問いの往復運動を含む試行錯誤のプロセスについても「正直」に報告すべきではないでしょうか？　ところが現実には、そのような試行錯誤や紆余曲折の過程が実際にあったとしても、最終的に公表される論文の上でそれに関する記述を目にすることは滅多にありません。

ということは、論文というのはまさにピーター・メダワーが言うように、一種の「ペテン」でしかないのでしょうか？

この問いに対する答えについて、演劇における本公演と舞台裏の作業のあいだの関係が一つの手がかりになります。

演劇の世界では、「初日の幕を開ける」あるいは「初日の幕が上がる」といったような言い回しが特別の意味を持つことが少なくありません。演劇作品が実際に舞台で上演されるまでには、長期にわたるリハーサルや大道具・小道具の製作、舞台の設営など、さまざまな準備作業が必要です。また、いったん劇場の幕が開いてからも、舞台裏では色々なアクシデントやもめ事が生じることが稀ではありません。

しかし当然のことながら、劇場で観客が目にするのは、舞台の上で演じられる公演の姿だけです。リハーサルや舞台設営の過程、あるいは上演中にどのように深刻なトラブルや対立があったとしても、それが観客の目にさらされることがあってはならないのです。公演の関係者は万難を排して、まるで何事も無かったかのように何とか初日の幕を開け、その後も着実に公演の日程をこなしていかなければなりません。「一度上げた幕は何があっても、下ろすわけにはいかない」（三谷幸喜作・演出『ショウ・マスト・ゴー・オン』における舞台監督の台詞から）のです。

†調査研究の内幕 対 論文が持つ外向けの顔

同じようなことが調査研究の経緯とその結果として発表される論文とのあいだの関係についても指摘できます。論文というものは、通常、調査研究に関わる全過程の最終時点になって、その成果として発表されるものです。その読者であるわたしたちが目にしているのは、いわば表舞台で繰り広げられる公演の姿だと言えます。「よそ行きの顔」と言い換えてもいいかも知れません。

実際におこなわれた調査の過程には、その舞台上で展開されている本公演としての論文が見せている、よそ行きの取り澄ました顔つきからはとても想像できないような、混乱と混沌が含まれている場合も少なくありません。もしかしたら、それは、「修羅場」という形容が相応しいような顚末《てんまつ》だったのかも知れないのです。

そして、前章までに解説してきたことからも明らかなように、そのような表舞台の姿と舞台裏の作業とのあいだに何らかのギャップがあった方が、むしろ魅力的なリサーチ・クエスチョンや予想外の発見が盛り込まれた面白い論文になる可能性が高くなることも多いのです。

そのような意味でも、実際に調査研究をおこない、またその結果を論文や報告書としてまとめあげていく際には、調査の舞台裏の作業と表舞台に現れている論文の記述とのあいだの関係、とりわけ両者のギャップについて理解しておく必要があるでしょう。また、その点は、特に、いったん作成された後の段階でも何度となく見直しがなされて改訂・修正されていく種々様々なリサーチ・クエスチョン同士の関係についても指摘できます。

2 結果報告 対 経緯報告——論文が担う二つの使命

†ペテンのからくり（再説）

既に序章であらかた「種明かし」をしてしまいましたが、以上のようなギャップの背景にあるのは、論文というものが担っている次の二つの役割のあいだに存在する本質的な矛盾です。

①結果報告――調査で得られた最終的な結論（問いに対する答えのエッセンス）を、読者にとって分かりやすい形で報告する＝「最終的な結果としてこういう事が分かった」という点に関する報告

②経緯報告――実際の調査の経緯（問いに対する答えが得られるまでの過程）について正確に報告することによって説明責任を果たす＝「調査結果は、きちんとした手続き（経緯）によって明らかにされたものである」という点に関する報告

コミュニケーション媒体としての論文が果たすべき主な役割は、言うまでもなく①です。論文の究極の目的は、リサーチ・クエスチョン（問い）に対する答えとして最終的に得られた結果や結論を読者に対して報告することにあります。

もっとも、学術論文などの場合には、それに加えてもう一つ重要な任務があります。最終的な結論が、きちんとした分析枠組みと適切な実証手続き（仮説の構築、データの収集と分析など）によって得られた確実な情報をその根拠にしている、という点を明確に示さなければならないのです。それは、取りも直さず論文の読者に対して「説明責任」を果たす、ということでもあります。

このように、調査報告書や論文には、調査結果報告書と調査経緯報告書という二つの顔があります。両方とも、調査レポートが学術的な発想を踏まえた論文として成立するためには不可欠となる大切な条件です。しかし、この二つの性格のあいだには本質的な矛盾も存在します。なぜならば、これまで繰り返し解説してきたように、多くの社会調査には試行錯誤や紆余曲折がつきものだからです。

†ジグザグの経緯をリニア（直線的）な筋立てとして再構成する

こうしてみると、調査の過程と論文のあいだに存在する矛盾の背景には、〈論文という、基本的にリニア（直線的）な構成となっている「型」の枠組みの中にノン・リニア（非直線的）な経緯を経て達成されることが多い研究の成果を押し込まなければならない〉という事情があることが改めて明らかになってきます。

この点を図解してみたのが、図4－1です。（なお、この図では、序章で解説した「序論・方法・結果・考察」の「序論」の部分を「問題」に変えています。また、ここでは「問題」については、主にリサーチ・クエスチョンと仮説を想定しています。[2]）

図の左側に示した「舞台裏＝ジグザグな経緯の詳細」には、社会調査が実際にたどっていった経緯が、各種の作業の軌跡として模式的に示されています。この図に見るように、

図4-1　ジグザグの経緯からリニアな筋立てへ[3]

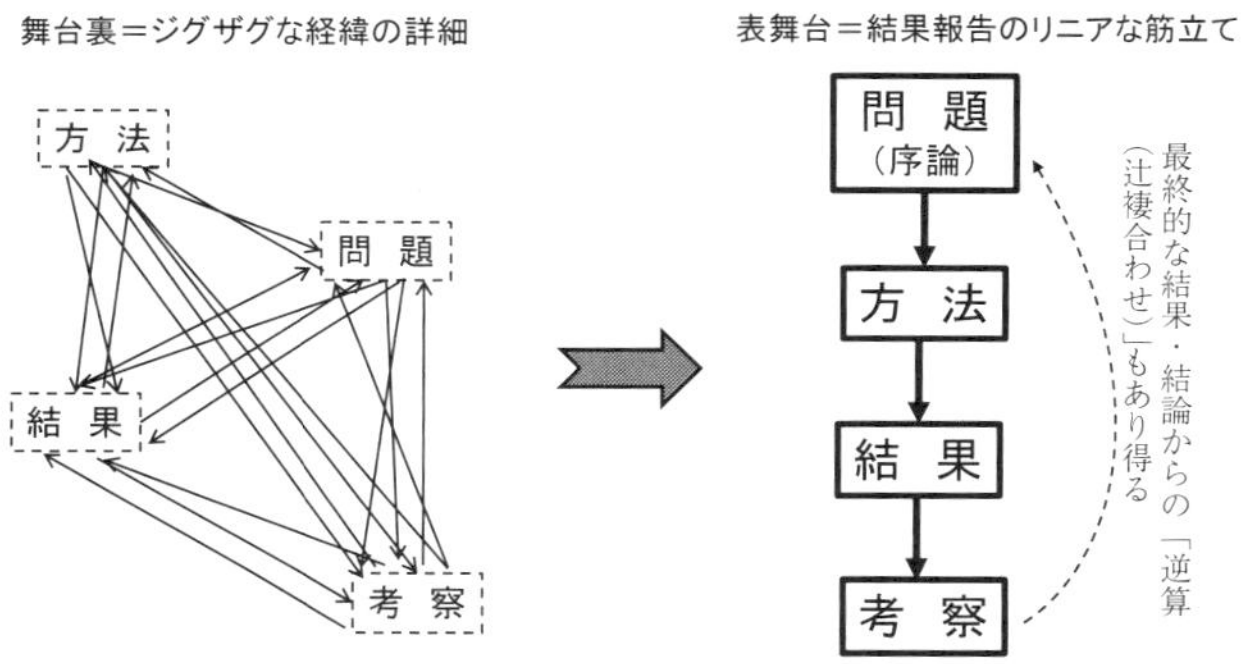

実際の調査では、問題（リサーチ・クエスチョンと仮説の定式化）や方法（データの収集と分析）、結果（分析結果の検討）やそれを踏まえて考察を加える作業というものが、何度となく繰り返され、また試行錯誤を経て修正されていく場合も少なくありません。

この図で四つの要素を示す長方形のマスを実線ではなく点線で囲ってあるのも、それぞれの要素が必ずしも最初から確固としたものとして存在しているわけではなく、むしろ徐々に明確なものになっていく場合が多いことを示しています。つまり、この図は、調査の最中に何度となく調査計画の「軌道修正」がおこなわれていく実際の経緯を表しているのです。

一方、右側の「表舞台＝結果報告のリニアな筋立て」では、それぞれの要素が太い実線で囲まれています。これは、論文の中では、舞台裏で進行していた試行錯誤の経緯は徹底して背景に退けられてしまう一方で、最終的な結果が明瞭かつ明確な構成を持つストーリー（物語）として提示される、ということを示したものです。したがって、各要素をつなぐ矢印付きの太い線は四本とも全て下向きになっています。

もっとも、執筆の段階では、最終的に得られた結論から逆算した内容を踏まえて「問題（序論）」のセクションの記述、つまり「はじめに」の部分を事後的に書き始めたり書き直したりする場合も少なくありません。これについては、図の右端に「考察」と「問題（序論）」とをつなぐ矢印付きの上向きの破線で示しておきました。

そして、これが取りも直さず、この章の冒頭で指摘した「終わってしまってから後付けで作られる研究計画」という現実の背景にある事情に他なりません。つまり、建前上は調査の初期段階で事前の計画ないし構想として策定されるものとして示されている「リサーチ・デザイン」は、実際には、事後的に辻褄《つじつま》合わせのようにして再構成（作文）されたものであることが少なくないのです。

†真実を効率的に伝えるためにウソをつく――フィクションとしての論文

こうしてみると、多くの論文に見られる〈序論→方法→結果→考察〉という構成には、一種のフィクション――少し大げさな言い方をすれば「歴史の書き換え（編集）」――としての性格があることが改めて分かります。

実際、ある程度まで調査が進んだ段階で、リサーチ・クエスチョンや仮説を大幅に組み直す必要が生じてくることも稀ではありません。また、途中でデータの収集と分析の方針を変えなければならないこともよくあります。しかし、最終的に論文や調査報告書を発表する時には、そのような紆余曲折の詳しい経緯は大幅に省略した上で、整然とした筋立てのストーリーの体裁にしておかなければなりません。というのも、そうでもしなければ、ページ数がいくらあっても足りないでしょうし、何よりも筋が「ごちゃごちゃ」と入り組んだ、非常に読みにくいものになってしまうからです。

言葉を換えて言えば、論文というのは、ジグザグに曲がりくねった凸凹《でこぼこ》だらけの道に喩えられる調査の経緯という事実を、真っ直ぐに延びた幅広の道路として編集（舗装）し直すことによって初めて出来上がるものなのです。さらに別の角度から見れば、論文上で明示されるのは最終的に判明した内容のエッセンス、つまり、調査の全過程から見れば、その「上澄み」の部分に過ぎないとさえ言えます。その意味では、世の中の論文の多くはフィクションなのです。

事実とは異なるという意味では、一種の「ウソ」です。メダワーの言葉を借りれば、「ペテン」であるとさえ言えます。ただし、そのウソやペテンは必ずしも研究不正というわけでもなければ、ましてや読者をだまして不当な利益を得ることなどが目的ではありません。むしろ、調査の結果や最終的な結論という真実を効率的かつ効果的に伝えるためにあえて「ウソ」をついているのです。

3 各時期完結型 対 漸次構造化型——調査のタイプによる違い

†型どおりに作業が進行するタイプの調査

もっとも、必ずしも全ての論文にフィクションとしての要素があるというわけではありません。中には、試行錯誤や紆余曲折（場合によっては「右往左往」ないし「修羅場」）とはほとんど無縁で、むしろ実証研究の経緯が学術論文の典型的な構成をなぞるような形で進行するような調査も存在します。特に、「ワンショット・サーベイ」などと呼ばれる定量的調査の場合には、調査における一連の作業が調査の各時期で互いに分断された形で進行します。

その種の調査に典型的に見られる調査の進め方を**各時期完結型**と呼ぶことが出来ます。図4－2は、そのようなタイプの調査における各種の作業の時期的変化を図解してみたも

図 4-2　各時期完結型における各種の作業[4]

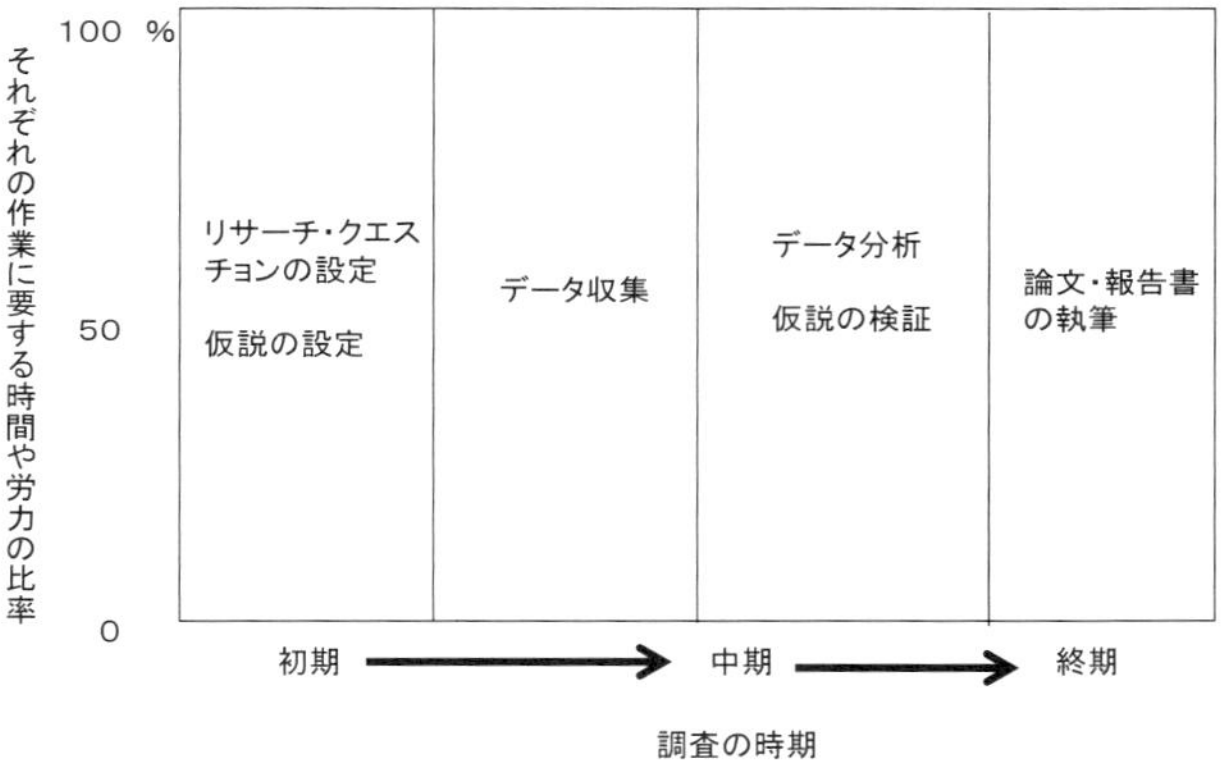

のです。

ここでワンショット・サーベイというのは、いわゆる「アンケート調査」などの場合に特徴的な、〈一度質問表を配布し、回収して集計・分析したら、それでおしまい〉というタイプの質問表調査のことです。その種の調査では、最初の段階から既に明快なリサーチ・クエスチョンと仮説が設定され、次にデータ収集の作業がおこなわれます。そして、最後の段階では、最初に設定された仮説と収集されたデータの集計や解析結果とを照合して、仮説の検証がおこなわれることになります（もっとも、仮説らしい仮説が設定されない場合も少なくありません。そのような無仮説的な「ベタな実態調査」に含まれる問題点については、拙著『ビジネス・リサーチ』（東洋経済新報社）で詳しく解説しておきました）。

図4－2に示したように、その種の調査では、各段階でおこなわれる作業が、ほとんど一種類のものに限定されます。つまり、特定の作業がそれぞれの時期でほぼ一〇〇％を占めているのです（これは、次ページの図4－3では、各種の作業が同時並行的におこなわれているのとは、きわめて対照的です。）それもあって、本書ではこれを各時期完結型と呼んでいるわけです。

このような調査の進め方は、通常の論文のリニアな構成とほぼ正確に対応しており、一見実に整然とした合理的な調査の進め方であるようにも見えます。しかし実際には、このようないわば「予定調和的」な調査研究では、思いがけない発見などは期待できない場合が少なくありません。また、誰も考えてみることすらしなかった斬新なリサーチ・クエスチョンが開発されるきっかけが生まれることも非常に稀でしょう。

実際、試行錯誤的な過程などは一切含まれず論文の定型的な筋立てとほぼ同じ経緯をたどった調査研究からは、文字通り「型どおり」の退屈な論文しか生まれてこない可能性が高いと言えます。また、そのような場合には、論文の執筆作業が調査全体の最後の最後になってようやく開始されることになっても一向に構わない、ということにもなります。

†漸次構造化型の場合

図4-3　漸次構造化型における各種の作業[5]

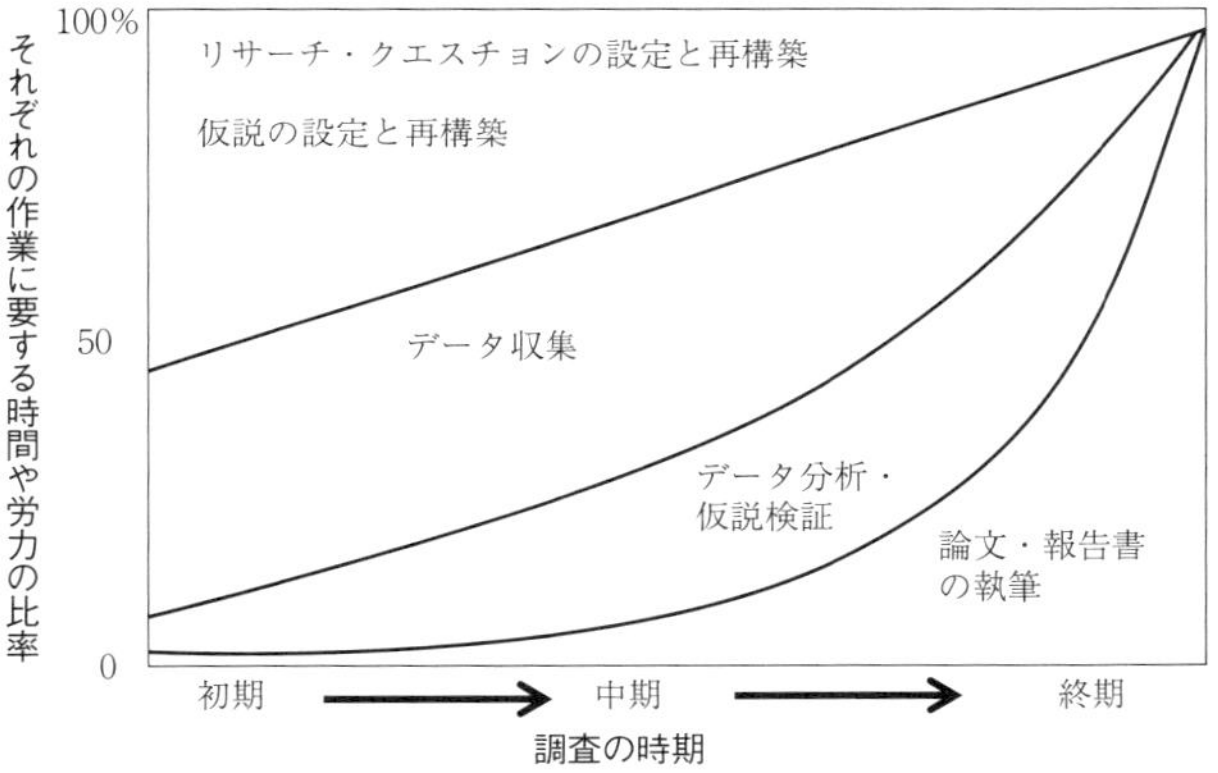

右のような各時期完結型とは対照的なのが、ここで漸次構造化型と呼ぶ調査の進め方です。第3章の最後のセクションでも解説したように、このようなタイプの調査の場合には、途中の段階で中間報告書や論文の草稿を執筆する手続きが一連の作業の中に組み込まれています。図4-3には、図4-2と同じ要領で、漸次構造化型の調査において各種の作業が占める相対的な比率の時期的な変化を示しておきました。

この図に示したようなアプローチを採用する場合には、データの収集と分析の結果を踏まえてリサーチ・クエスチョンの見直しが随時おこなわれます。またそれに応じて、仮説も再構築されていくことになります。そして、調査の各時期における、問いを見直して「育てていく」作業の結果は、その都度、何らかの形式の文章としてまとめられていきます。それらの文章には、例えば、次のようなものが含まれます――レジュメ（箇条書き式ではなく文章主体のもの）、研究ノート、ワーキングペーパー、中間報告書。

第3章でも指摘したように、これらの文章については、最終的な論文における「序論・方法・結果・考察」の構成を常に念頭において文章をまとめてみることが重要なポイントになる場合が少なくありません。というのも、それによって、最終的な論文の構成と調査における各種の作業とのあいだの結びつきをより有機的で密接なものにしていくことが出来るようになるからです。

実際、漸次構造化型のアプローチを採用している調査では、それぞれの時点でのデータの分析結果を踏まえて、リサーチ・クエスチョンや仮説あるいは特定の調査技法の相対的な位置づけが明確になっていきます。それがまた、次の時点におけるデータ収集やデータ分析の作業に生かされていくことになります。

例えば、質問表調査などの場合には、ある標本集団（サンプル）から得られたデータを分析して得られた結果について、別の標本集団によって改めて検討していく必要が生じてくる場合もあるでしょう。それがひいては、当初設定していた仮説の再構築につながっていき、さらにはリサーチ・クエスチョン自体の見直しに結びついていくことがあるかも知れません。

そして、このような調査を経て、まさに「セレンディピティ」と呼ぶのが相応しい思いがけない発見、そしてまた、それまで誰も思いつかなかったような斬新なリサーチ・クエスチョンが生まれてくる場合も少なくないのです。

4　解説書や教科書における二つのブラインドスポット

本書におけるこれまでの解説からは、調査研究におけるリサーチ・クエスチョンの性格や特徴について改めて確認できるポイントが二点あります。一点目は、リサーチ・クエスチョンというものは、調査におけるほとんど全ての段階で修正を加えられたり新たに設定されたりする可能性がある、という点です。二つ目は、リサーチ・クエスチョンには、そのカバーする範囲ないし「問いのレベル」という点で実にさまざまなものが存在する、という点です。

一方で、どのような理由によるものかは明らかではありませんが、これら二点については、これまで刊行されてきた教科書や解説書などでは必ずしも十分な解説が提供されてきたとは言えないのです。

†二種類の問いのあいだに存在するギャップ

リサーチ・クエスチョンは、初期の「テーマ決め」の段階だけではなく調査のほとんど全ての時点で新たに設定されたり修正を加えられたりする可能性があります。これについては、第1章で提案した、本書におけるリサーチ・クエスチョンの定義の中にも明記してあります。つまり、改めて左に挙げた定義ではゴシック体で強調した部分です。

【リサーチ・クエスチョン】社会調査（社会科学系の実証研究）の**さまざまな段階**で設定される研究上の問いを疑問文形式の簡潔な文章で表現したもの

右の定義の「さまざまな段階」という部分との関連で特に注目すべきなのは、調査の色々な局面で作成されるリサーチ・クエスチョンと最終的に論文上で提示されるリサーチ・クエスチョンとのあいだに存在するギャップです。

本章で先に述べたことからも明らかなように、漸次構造化型の調査研究の場合には、このギャップが特に顕著なものになります。もっとも実は、各時期完結型の場合であっても、例えば、論文を投稿してしまった後の段階で編集委員や査読者のアドバイスや指示に従ってリサーチ・クエスチョンの細かな表現に対して変更を加えることは特に珍しいことではありません。[6]時には、根本的な修正を加えたりすることさえあります。

このような場合も、調査の初期段階で研究全体のデザインを構想した際に作成したリサーチ・クエスチョンや具体的なデータの収集や分析のために設定した研究上の問いを一方に置き、他方に論文上に明記されたリサーチ・クエスチョンを置いて比べてみた場合には、両者のあいだに何らかのギャップが存在していることになります。[7]

†通常の教科書における解説の範囲──『リサーチの技法』の場合

ところが、従来の解説書ではこのギャップについて扱われることは非常に稀でした。[8]例えば、第1章と2章で取り上げた『リサーチの技法』の場合がそうです。

この解説書では、「問いを設定し、答えを見つける」と題した第二部には四章分が割り当てられています。その第二部では、一般的な興味関心からより焦点を絞ったトピックを経て明確な答えが要求される特定の問い（リサーチ・クエスチョン）へと徐々に的を絞っていくプロセスについて、ステップ・バイ・ステップ方式で実に丁寧で詳しい解説が提供されています。また、参考にすべきデータや資料の探し方や読み込み方についても数々の貴重なアドバイスが提供されています。

それに続く「議論をする」というタイトルの第三部では、確実な論拠や根拠を示しながら説得力のある議論を展開する際に注意しておくべき重要なポイントに関する解説が、五つの章にわたってなされています。そして、第四部の「議論を書く」の六章分では、第三部で解説した手順に沿って展開した議論の内容を実際にレポートや論文の文章の形にまとめて書き上げていく際の幾つかのコツや要点（全体の構成、キーコンセプトの使い方、データの図解法など）に関して詳細な説明をおこなっています。

このように、『リサーチの技法』は、研究テーマ（トピック）の設定から論文の執筆法にいたるまでの作業の内容とその要点について実に懇切丁寧に解説している、非常に優れた入門書です。もっとも、『リサーチの技法』を読んでいると、第二部で解説されている手続きを経ていったん設定されたリサーチ・クエスチョンの内容に関して言えば、第四部における解説の中心になっている、論文を書き上げる作業の段階に至るまでのあいだに特に変化が無いような印象を受けてしまいます。

たしかに第四部には、問いの言い換えの仕方などについては解説があります。[9] しかし、それはあくまでも、まさに「言い換える（rephrase）」という程度に過ぎません。つまり、『リサーチの技法』では、調査の作業の過程を経てその問い自体が修正を加えられたり、根本的な見直しを迫られたりする可能性についてはほとんど触れていないのです。

†『リサーチのはじめかた』の場合

同じような点が『リサーチのはじめかた』についても指摘できます。この解説書は、問いの設定の段階も含めて「研究というのはリニアなプロセスではない」という点を何度も強調しています。また、特に調査の初期段階で、各種の資料を丹念に検討し、また折に触れてその検討結果をメモや一覧表のような形で整理してみることによってリサーチ・クエスチョンを改訂していく際の作業のポイントやコツに関して、非常に有効なアドバイスを提供しています。

しかし、この本の場合も『リサーチの技法』と同様に、少なくともリサーチ・クエスチョンに関する主な解説の範囲は、調査研究全体における最初の段階、つまり文字通り「リサーチのはじめ」に限定されています。たしかに、「はじめかた（How to Begin）」と題された最終章（第六章）では、リサーチ・クエスチョンに関する再検討を経て「第ゼロ稿」——それまで書きためてきたメモ書きなどをとりあえず書き連ねてみたテキスト——および第一稿（草稿）を書く作業について解説しています。ただし、これは本格的な論文というよりは、主に、英語圏では「タームペーパー」などと呼ばれる、大学の授業で提出を要求されるようなレポートなどを書くための手続きやコツなのです。

†「ブラックボックス」の中に置き去りにされてきたリサーチ・クエスチョン

このように、これら二冊の本は「テーマ決め」の段階の試行錯誤については、きわめて懇切丁寧かつ非常に優れた解説をおこなっています。しかし、そのような試行錯誤を経て設定されたリサーチ・クエスチョンが最終的に論文上で提示されるようになるまでに辿っていく実際の経過については、ほとんど扱っていません。その結果として、これらの本では、その初期の問いと論文の中で示されているリサーチ・クエスチョンとのあいだには目立った違いがないものとして扱われていることになります。

事実、これらの解説書を読んでいると、次のようにも思えてきてしまいます――〈テーマ決めの作業さえ終わってしまえば、その後は、一度決めたテーマに沿って「粛々《しゅくしゅく》と」データを集めて分析した上で報告書を書き上げていけば良い〉。同じような点は、調査法や研究法に関する通常の教科書やマニュアルについても指摘できます。『リサーチの技法』や『リサーチのはじめかた』とは違って、それらの本でテーマ決めのプロセスについて扱っているのは、全巻の一節分あるいはせいぜい一章程度です。[10] そのような分量の制約もあってか、これらの本では、研究テーマの決定から論文のリサーチ・クエスチョンのあいだに存在することが多いギャップについてはほとんど触れていません。

図4-4　問いの構築作業に関するブラックボックス
（"RQ"＝リサーチ・クエスチョン）

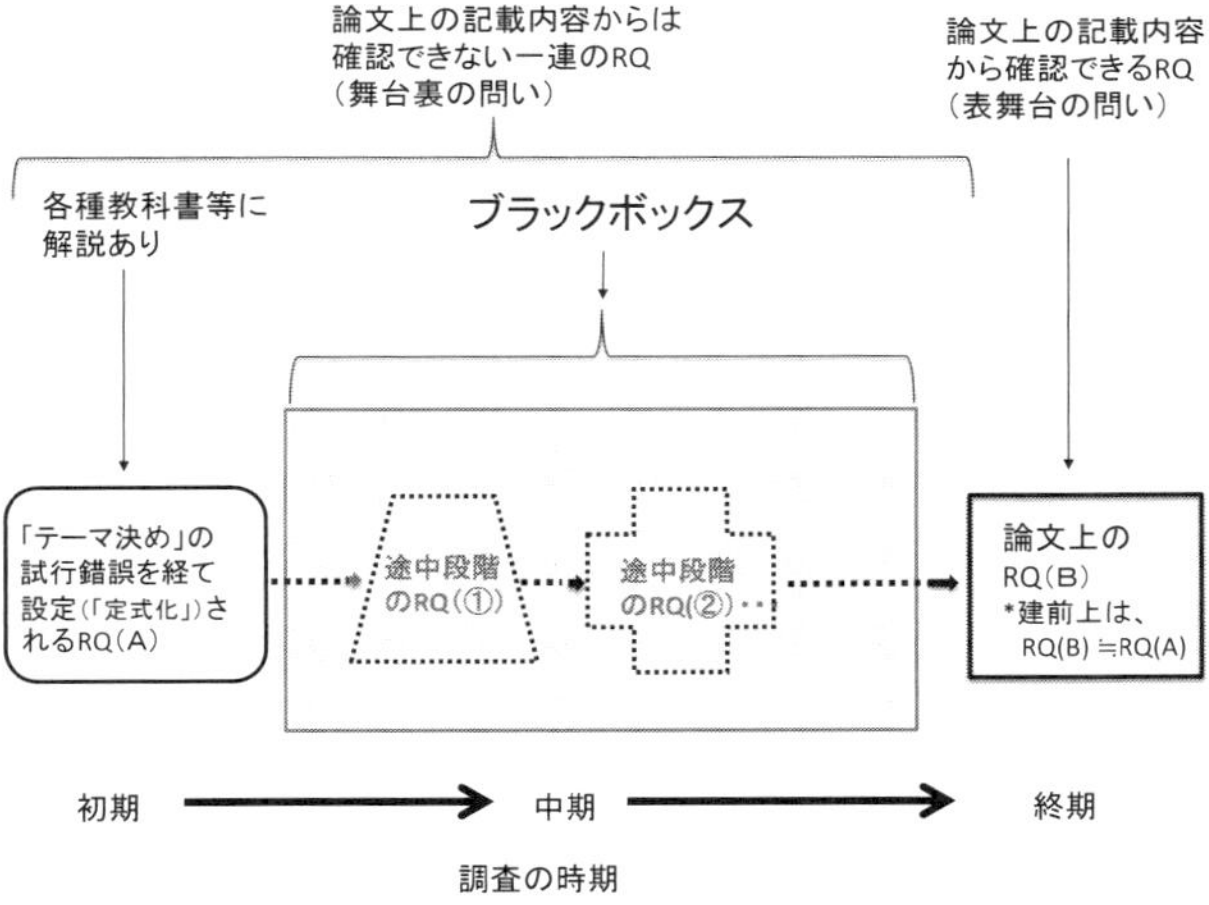

つまり、従来の解説書では、初期の「テーマ決め」ないしリサーチ・クエスチョンの定式化などと呼ばれる段階と論文上で明示されたリサーチ・クエスチョンのあいだに存在する一連のプロセスに関する事柄の多くは、ほとんどの場合、ブラックボックスのような扱いを受けてきたのです。これを図解すれば、図4－4のようになるでしょう。

†問いの変遷と論文の「建前」

本書でこれまで繰り返し指摘してきたように、リサーチ・クエスチョンは、初期のテーマ決めの段階だけでなく、調査データの分析をおこなう作業の途中や、あるいは報告書を書く作業などを経て大幅に変わってしまうことが少なくありません。これを図4-4では、調査の「中期」における台形や白抜きの十字形への変遷として図解しています。

なお、この図には、中期の部分にはRQ（①）およびRQ（②）として二つのリサーチ・クエスチョンしか描き込んでいません。もっとも実際には、調査研究の途中でRQ（③）、RQ（④）……と、いう具合にして、リサーチ・クエスチョンの改訂作業が何度か繰り返されるケースも特に珍しくありません。また、その内容も例えば台形や十字形どころか星形や楕円形などで表すのがむしろ相応しいような大がかりな変貌、つまり初期段階のリサーチ・クエスチョンとは「似ても似つかぬ」姿へと変身を遂げていくこともあります。

ところが、図の右端のところに示したように、「結果報告」である論文の文面から見る限りは、最初から整然としたリサーチ・クエスチョンが設定（ないし「定式化」）されているように思えてしまいます。事実、論文の文面からは、通常、終期以外の他の段階におけるリサーチ・クエスチョンが現実にはどのようなものであったか——建物で言えば、最初の設計図がどのようなものであったか——という点を読み取ることはほとんど不可能なのです。したがって、建前としては、テーマ決めの試行錯誤を経て設定されたリサーチ・クエスチョン（RQ（A））と最終的に論文の文面から読み取れるリサーチ・クエスチョン（RQ（B））のあいだには特に目立った違いが無いという想定になります。

要するに、「RQ（B）≒RQ（A）」ということなのです。また、その結果としては、「最初のリサーチ・デザイン（設計図）通りに調査がおこなわれた」ということにもされてしまうのです。[11]

†問いのレベル

調査法や研究法に関する従来の教科書には、「異なる段階の問いのあいだのギャップ」という点に加えて、もう一点、各種の研究上の問いに関連してこれまで必ずしも十分に解説がなされてこなかったポイントがあります。それは、**問いのレベル**ないし問いの包括性、つまり「リサーチ・クエスチョンがどれくらいの範囲の研究対象を視野に収めているか」という点に関わる問題です。

例えば、第1章で例として取り上げたリサーチ・クエスチョンの中で言えば、次のものはかなり広い範囲の対象をカバーする、いわば総論的な問いであると言えます。

なぜ、一部の研究者は、従来の研究動向とは異なる野心的で（研究自体の成否や論文の採択可能性という点で）不確実性の高い研究戦略を積極的に採用したり、あるいは逆にそれに対して消極的な対応を示したりするのか？

一方で、次に示した例は、右に挙げた総論的で包括的なリサーチ・クエスチョンに関して、より具体的な事例に則して研究を進めていくことを想定した各論的な問いであると言えます。

なぜ、一部の日本の経営学系の研究者は、従来の研究動向とは異なる野心的で不確実性の高い研究戦略を積極的に採用したり、あるいは逆にそれに対して消極的な対応を示したりするのか？

また、場合によっては、右の二例の中間レベルに位置づけられる、次のようなリサーチ・クエスチョンを設定することも出来るでしょう。

なぜ、一部の日本の研究者は、従来の研究動向とは異なる野心的で不確実性の高い研究戦略を積極的に採用したり、あるいは逆にそれに対して消極的な対応を示したりするのか？

あるいは、むしろ逆に、各論的な問いに対してさらに限定を加えることによって、例えば次のような問いを設定することもできます。

なぜ、一部の日本の経営学系の中堅層および若手の研究者は、従来の研究動向とは異なる野心的で不確実性の高い研究戦略を積極的に採用したり、あるいは逆にそれに対して消極的な対応を示したりするのか？

なお、ここで特に中堅層と若手の研究者に焦点を当てているのは、取りも直さず野心的な研究に果敢に挑戦することが多いのは、そのような世代ないしキャリアステージにある人々であるということを想定しているからに他なりません。（もちろん、その想定が妥当なものであるかどうかという点については議論の余地が十分にあるでしょう。実際、どのような対象に焦点を絞っていくかは、かなりの程度、どのような視点を採用するかに左右されます。この点については、改めて第5章で詳しく解説していきます。）

†メインクエスチョンとサブクエスチョン

先に調査のさまざまな段階で設定されるリサーチ・クエスチョンを区別した方が良い、という点について指摘しました。同じように、調査研究を企画したり実際にデータの収集や分析をおこなっていったりする際には、右に例を挙げたような異なるレベルの問いを明確に区別しておいた方が良いでしょう。

事実、調査をおこなう人々は、それによって自分のリサーチ・クエスチョンの適用範囲を明確に認識しながら作業を進めていくことが出来るはずです。また、例えば、「総論的な問いをどのようにして各論的な問いの形にブレークダウンしたり言い換えたりしていけば良いのか」という点についても一定の方針にもとづいて検討をおこなうことが可能になると思われます。

ところが、論文や報告書では、これら異なるレベルの問いを明確に区別することなく、同じように「リサーチ・クエスチョン」という言葉を適用している例が少なくありません。同様の点は、研究法や調査法に関する教科書における解説についても指摘できます。一方で、問いのレベルをめぐる問題については、近年になって、「メインクエスチョンとサブクエスチョンの関係」という観点から比較的明快な解説がおこなわれるようになってきました。特に、ともに英国の研究者であるリチャード・アンドリュースとパトリック・ホワイトは、『リサーチ・クエスチョン』（二〇〇三）および『リサーチ・クエスチョンの作り方』（二〇〇九、二〇一七）という教科書で、それぞれこの問題に関する入門的な解説を提供しています。[12]

次章では、それら二点の教科書における解説も踏まえながら、この「問いのレベル」という問題について検討していきます。その前に、本章の残りの部分では、性格が異なるさまざまなリサーチ・クエスチョンを整理しておくための類型論を提案します。

5 リサーチ・クエスチョンの四類型

†二つの軸によるタイプ分け

以上の解説から改めて明らかになってくるのは、これまで同じ「リサーチ・クエスチョン」という言葉で呼ばれてきたものの中には、第1章の図1-2（四〇ページ）で示したように、かなり雑多な種類のものが含まれている、という事実です。したがって、より有効な方法でリサーチ・クエスチョンを設定していくためには、一度それら種々雑多な研究

表4-1　4種類のリサーチ・クエスチョンとその表現媒体[13]

包括性	研究作業における位置づけ	
	結果（「完成品」）	経緯（「仕掛品」）
包括的（総論的）	タイプⅠ 例）論文・報告書等の冒頭に示される問い	タイプⅡ 例）ワーキングペーパー、中間報告書等の冒頭に示される問い
個別具体的（各論的）	タイプⅢ 例）論文・報告書等において個々の仮説命題に対応して設定される問い	タイプⅣ 例）ワーキングペーパー、中間報告書等において個々の調査課題に対応して設定される問い

上の問いのあいだの違いについて整理しておく必要があるでしょう。また、それによって、図4-4では網掛けした箱型（長方形）の図として示した、研究上の問いをめぐる「ブラックボックス」の蓋《ふた》を少しでも開けていくことが期待できるはずです。

表4-1は、以上の点を踏まえて、リサーチ・クエスチョンを①研究作業の中における位置づけと②包括性の程度という二つの軸を中心にして四つのタイプに分類してみたものです。

†結果としての問い　対　経緯における問い

実証研究における各種の作業の中で設定される問いは、研究全体の中での位置づけ、あるいは研究活動において果たす役割という観点から二つに大別できます。

一つは、最終的に研究論文や報告書に書き込まれて公表されるリサーチ・クエスチョンです。もう一つは、研究活動を進めていく中で何度となく繰り返し設定されて重要な役割を果たすリサーチ・クエスチョンです。ここでは、前者を論文上のリサーチ・クエスチョンあるいは「結果としてのリサーチ・クエスチョン」、後者については作業過程におけるリサーチ・クエスチョンないし「経緯におけるリサーチ・クエスチョン」と呼ぶことにします。

先に解説したように、「ワンショット・サーベイ」などのように各時期完結型に分類できる調査の場合には、これら二種類の問い、つまり、結果としてのリサーチ・クエスチョンと経緯におけるリサーチ・クエスチョンとのあいだにはほとんど違いがありません。一方で漸次構造化型の調査研究においては、当初設定した問いが、研究の過程で判明した事柄や追加的におこなった文献レビューなどの結果を織り込みながら、何度となく改訂されることになります。また、それによって、より充実した研究に結びついていく可能性が高くなる場合も少なくありません。

さらに、最終的に論文の中で記述されるリサーチ・クエスチョンは、査読プロセスにおける編集委員や査読者のアドバイスなどを踏まえて、紆余曲折の末に大幅に書き直されていく場合もあります。その意味でも、研究活動の方向性を決める上で実際の指針になっていたリサーチ・クエスチョンと最終的に論文に記載されたリサーチ・クエスチョンとのあいだには何らかの食い違いやギャップがある例は決して珍しくないのです。

前者が本当の意味でのリサーチ・デザインの要素としての問いであるとするならば、後者は、「建前としてのリサーチ・デザインにおける問い」と呼べるかも知れません。そして、それら二つの問いのあいだに大きなギャップがある場合、論文の著者は読者に対して、この章の冒頭で紹介したエピソードに登場してくる工務店の社長と同じような対応をしている、ということになります。つまり、その著者は読者に向かって、「最終的な完成品である論文は最初の設計図通りに仕上がりましたよ」と、(少し極端な表現で言えば)強弁しているのです。

†読者のための問い 対 調査者にとっての問い

こうしてみると、「結果としての問い」というのが必ずしも矛盾を含む言い方ではないことが明らかになります。一般的な常識では、「問い→経緯→答え」、すなわち「最初に問いがあり、調査という経緯を経て、結果としての答えに至る」という順番を辿ることが想定されていることが多いでしょう。つまり、「はじめに問いありき」というのが通念的な理解なのです。したがって、その常識からすれば「結果としての問い」ではなくむしろ「結果としての答え」こそが正確な表現であるようにも思えてくるでしょう。

しかし、実証研究について言えば、このような通念ないし常識には大きな誤解を招きかねない面があります。実際には、少なくともリサーチ・クエスチョンの場合には、最初に設定された時点の姿のままに留まっていたとしたら、それほど意味の無い知見——あるいはわざわざ調査などしてみなくても最初から分かりきっていたはずの結論——がその答えとして導き出されるだけに終わってしまう可能性が出てきてしまいます。むしろ、調査全体のプロセスを通して、予想外の情報や新たな発見などを柔軟に取り込みつつ、最終的な結果としての問いが明確に文章化できた時にこそ、革新的な知見が生み出されていくことも少なくないのです（当然ですが、これは、決して〈「出たとこ勝負」ないし「なりゆき任せ」的な調査研究こそが斬新な成果を生み出す〉というようなことを主張しているわけではありません）。

一方で、通常の論文の定番的な構成は、右のような現実の調査の経緯について忠実に報告するためというよりは、むしろ「読者（への）サービス」の一環として考案されたものだと考えることが出来ます。したがって、その論文の中で「読者のための問い」として提示されるリサーチ・クエスチョンは、実際に実証研究をおこなう際に用いられる「調査者にとっての問い」とは全く別物であることも珍しくはないのです。

コラム　四つの問いの位置づけ

少し蛇足気味かも知れませんが、図4－4に表4－1に挙げた四つのタイプの問いを位置づけてみた上で、さらにそれに図4－1を重ね合わせてみると図4－5のようになるでしょう。

この図に示したように、論文の読者の目に触れるのは、通常、調査の最終的な結果（完成品）として発表されるタイプⅠとタイプⅢの問いだけです。それらの問いは、特に図の下半分の右端に置かれている「問題（序論）→方法→結果→考察」では、「問題（序論）」の部分に登場してくることになります。一方調査者は、初期にリサーチ・クエスチョンを設定（定式化）するだけでなく、調査活動のさまざまな段階における試行錯誤の作業を経てタイプⅡとⅣに該当する問いを作成し、またそれを再構築していくことになります。それらの「仕掛品」のような問いは、図4－5では下半分の左側に配置しておいた、破線の長方形で囲った「問題」に該当します。

図 4-5　四つの問いの位置づけ

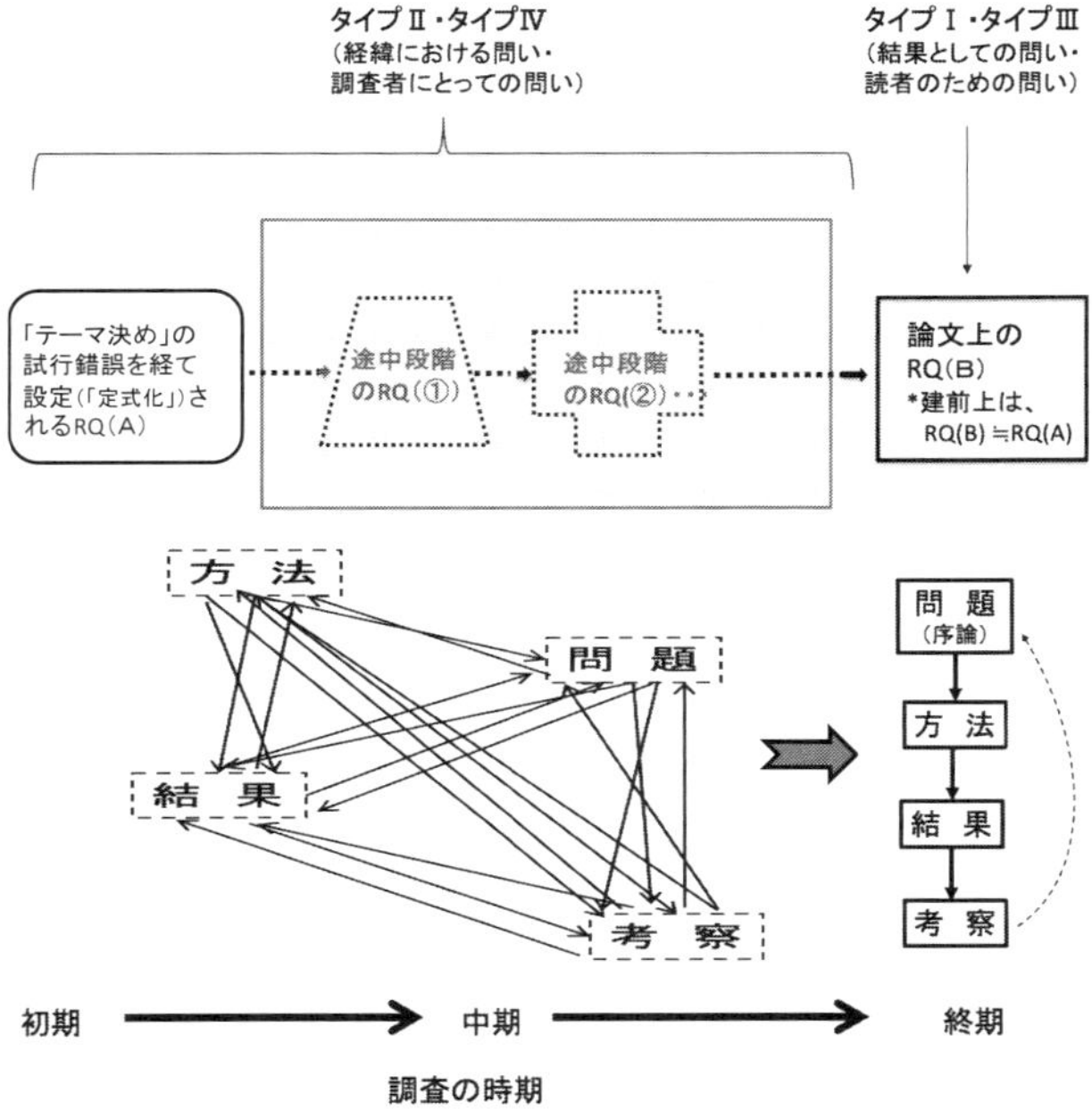

†包括的な問い 対 個別具体的な問い

右に述べたことからも明らかなように、「結果としてのリサーチ・クエスチョン」は、論文の読者に対して、その論文における報告内容の概要を大づかみに把握する上で重要な手がかりを提供することになります。言葉を換えて言えば、論文上に明記されるリサーチ・クエスチョンは、読者が**論文の内容を効率的に読み取るための見取り図**としての役割を果たすことが期待されているのです。

一方で、実際の研究を進めていく際には、何らかの包括的な問いが**研究活動の全体的な方向性を指し示す羅針盤**のような役割を果たすことになります。調査法に関する教科書などで「メインクエスチョン」ないし「セントラル・クエスチョン」などと呼ばれてきた研究上の問いの多くは、まさにそのような「経緯における包括的なリサーチ・クエスチョン」を指すものとして考えることも出来ます。[14]

本章で先に「問いのレベル」という点について解説した際に「総論的な問い」として挙げた例のように、包括的なリサーチ・クエスチョンは、通常、一般的かつ抽象的なレベルの問いとして設定されることになります。しかし当然ながら、そのような包括的な問いが該当すると思われる研究対象（例えば、先に挙げた例で言えば、世界の全ての研究者）を対象にして、問いに関連すると思われる全ての項目（例えば、研究者が野心的な研究にチャレンジする際の動機や背景に関わる全ての要因（変数））について網羅的にデータを収集し、それらのデータを分析することなどは事実上不可能です。

それもあって、実際に実証的な研究を進めていく際には、通常、いわば一般論ないし「総論」レベルの問いである包括的なリサーチ・クエスチョンを特定の事例や対象に絞り込む作業を通して、より各論的であり、また具体的である問いの形にブレークダウンしていくことになります。

†対象の絞り込みと視点の絞り込み

例えば、先に挙げた例では、日本の研究者、特に経営学者を事例として想定しています。さらに、このようなリサーチ・クエスチョンの場合には、キャリアステージを限定して、若手および中堅レベルの研究者に的を絞っていくことも考えられるでしょう。

また、実際の調査研究においては、リサーチ・クエスチョンに関連すると思われる各種の要因の中でも特に重要であると思われるものに焦点を絞って分析を進めていきます。例えば、第1章の表1－3で「仮説群2」（六一ページ）として示した例では、自信ないし「自己効力感」――特定の行為を成し遂げ、問題を解決し、課題を達成する上での自己の能力に対する強い信念[15]——という心理学的な要因に加えて優れた研究業績に対して研究者に与えられる報酬および大学ランキングなどによる所属大学に対する外部からの評価という、組織運営に関わる項目が主な要因として想定されています。

このように、特定の範囲の研究者に限定し、また分析視点を絞り込むことによって、包括的な問いを、一定の明確な答えが提示できる、より具体的なレベルの問いにまでブレークダウンすることが出来ます。言葉を換えて言えば、このような手続きを経て総論的なリサーチ・クエスチョンは、実際に収集したデータや資料の情報によって調査をすることが可能である各論的なレベルの問いに落とし込まれていくことになるのです。また、調査研究の対象となる事例を絞り込むことによって、調査活動自体が、手持ちの資源（マンパワー、時間、資金等）で実行可能なレベルにまで落とし込まれていくことになります。

さらに、それらの個別具体的な事例を対象にした実証研究の分析結果を踏まえて、包括的なリサーチ・クエスチョンについて深く掘り下げて検討することが出来たり、その適用範囲が明らかになっていったりする場合もあるでしょう。そして、そのような過程を経て、包括的なリサーチ・クエスチョンそれ自体が改訂されていくことも少なくありません。

以上のような点に関する具体的な手続きの詳細については、次の第5章と第6章で改めて解説します。

†表舞台に登場する問い　対　舞台裏の作業を支える問い

ここで改めて確認しておく必要があるのは、表4－1に挙げた四種類のリサーチ・クエスチョンは、必ずしもその全てが明確な形で言語化（文章化）されるわけではない、という点です。

これまで述べてきたことからも明らかなように、**タイプⅠ**、つまり「**結果×包括的**」の組み合わせとなるリサーチ・クエスチョンは、定義上からもその多くが論文の冒頭部分（「序論」など）でリサーチ・デザインの重要な要素として明文化されることになります。言葉を換えて言えば、この類型のリサーチ・クエスチョンは、論文という舞台で「花形」的な役柄を演じる問いであると言えます。（ただし論文や報告書の中では、疑問文形式の「問い」ではなく「研究テーマ（トピック）」「課題」「問題（の所在）」などと名付けられて平叙文として示されている場合も少なくありません。）

一方でそれに比べれば、他の三類型のリサーチ・クエスチョンが文章形式で明示されることはかなり稀です。というのも、それらの問いは、舞台裏の作業を支える「裏方」的な役割を担うことになるからです。

例えば、**タイプⅡ（経緯×包括的）**のリサーチ・クエスチョンは、タイプⅠの問いに至るまでの過程で、いわば「仕掛品」として構築されるものです。したがって、「完成品」であるタイプⅠの問いに比べれば、表舞台となる論文の記載項目として登場する頻度はかなり低いものになります。もっとも、例えば、調査の中間報告書あるいは論文が学術ジャーナルに掲載される以前に発表されるワーキングペーパーなどでは、途中段階の包括的な問いが（暫定的な）リサーチ・クエスチョンとして記載されることもあるでしょう。

タイプⅡと同様の点は、**タイプⅣ（経緯×個別具体的）**のリサーチ・クエスチョンについても指摘できます。例えば、本格的な実証研究に入る以前の段階でおこなわれる予備調査では特定の研究事例や個別の調査項目に関連する研究上の問いが取り上げられることが多いでしょう。しかし、その結果として作成される問いは、タイプⅡの場合と同様に中間報告書やワーキングペーパーの中に出てくる程度に終わるケースが多いと言えます。つまり、どちらかと言えば「内輪」の場で披露されるだけに留まる例がほとんどなのです。

一方で、**タイプⅢ（結果×個別具体的）**のリサーチ・クエスチョンの場合は、タイプⅠと同程度ではないにしても、論文や報告書の中で比較的頻繁に明示される可能性があります。特に、仮説検証法的なデザインで実証研究を進めていくような場合には、事例研究の対象になった組織あるいはサーベイの回答者などを想定して設定されたリサーチ・クエスチョンが文章形式で記載されることもあります。

もっとも、それらのリサーチ・クエスチョンは、疑問文形式で明示されるというよりは、「仮の答え」である仮説命題に対応する問いとして暗黙の内に前提とされている場合が少なくありません。実際、例えば、第1章の表1-4（六四—六五ページ）で仮説群1と2に対応するものとして挙げたリサーチ・クエスチョンは、両方ともそれらの仮説について参考にした元々の論文に明記されているわけではなく、本書における解説のために作成してみたものなのです。

いずれにせよ、調査研究をおこなっていく際には、表4-1に示した各種のリサーチ・クエスチョンをさまざまな局面で臨機応変に使い分けながら、実際の作業を進めていく必要があります。次の第5章と6章では、幾つかの作例を示しながら、包括的なリサーチ・クエスチョンを個別具体的な問いにブレークダウンしていく際の作業や、その逆に、実証データを元にして包括的なリサーチ・クエスチョンを掘り下げたり改訂したりしていく際の手続きの詳細について解説していきます。

コラム　リサーチ・クエスチョンには「適正数」があるのだろうか？[16]

問いのタイプに関する本章における解説については、当然、次のような疑問がわいてくるでしょう——「一体全体、どれくらいの数のメインクエスチョンやサブクエスチョンを設定すれば良いのか？」。

特にタイプⅣ（経緯×個別具体的）のリサーチ・クエスチョンの場合は、個々の調査項目に対応する形で問いを設定していったとしたら、その数は際限なく増えていくかも知れません。一方で、あまりにもリサーチ・クエスチョンの数を絞り込み過ぎた場合、それは、実証研究を通して明確な答えを提示するための問いというよりは、むしろ「問題関心」ないし「問題意識」と呼ぶ方がふさわしい、かなり漠然とした問いかけという程度のものに終わってしまうでしょう。

実は、問いの「適正数」という点については、明確な根拠にもとづいて提示されてきた定説のようなものがあるわけではありません。一方で、次のような点が大まかな目安になると思われます。

・リサーチ・クエスチョンのタイプ……タイプⅠとタイプⅡの場合は「羅針盤」

ないし「見取り図」としての機能を果たすという点から考えれば、二〜三個ないしせいぜい数個というのが順当なところでしょう

・調査に使える時間と資源（リソース）……時間や資源に比較的余裕があれば、広範な調査課題をカバーできるでしょうから、それに応じてリサーチ・クエスチョン、特にタイプⅣの問いを増やして物事の詳しい事情に関する調査をすることも出来るでしょう

・調査者の学業段階……学生や大学院生で短期間のあいだに学位論文を仕上げなければならない場合は、タイプⅠやタイプⅢの問いの数は数個程度に絞り込んでおいた方が無難でしょう

もっとも、以上はあくまでも目安に過ぎません。例えば、次の第5章では、サブクエスチョンを設定する際に用いるサブ・サブクエスチョン（問いに対する問いかけ）について解説します。この場合の問いの数は「必要なだけ」であり、場合によってはほとんど際限なく増えていくことさえあるでしょう。しかし、それらの問いはあくまでも「舞台裏」の作業を支える足場のようなものです。建設作業で使われる足場は、建物が出来上がった時には人目につかないように跡形も無く撤去されてしまいます。それと同じように、調査過程において作成された無数のサブクエスチ

ョンが最終的な報告書や論文という表舞台に登場してくることは滅多にありません。

要するに、リサーチ・クエスチョンの「適正数」については、〈その問いがどのような役割を、どのような局面で果たすものであるか〉という点を念頭において考えていく必要があるのです。また、リサーチ・クエスチョンを文章化していく際には、それを誰に向けて、つまり〈どのような読者に向けて、どのような目的のために疑問文形式で表現していくのか（あるいは表現しないのか）〉という点が最も重要なポイントの一つになってくるでしょう。

第5章

問いを絞り込む
——どうすれば、より明確な答えが求められるようになるか?

1　筋が良い問い・悪い問い

†「滝に打たれる」——発表会でのダメ出し

「そのテーマだったらネットで『ちゃちゃちゃっと』調べたら答えが出てしまうんじゃない?」

「あと二年足らずで、その課題について調査をして論文にまとめられる?」

「問題設定がおかしくない? そもそも、それは答えが出せる問いなの?」

「修士（博士）論文で取り上げるトピックにしては小粒すぎない？　先行研究をなぞっているだけじゃない？」

「そもそも、そのリサーチ・クエスチョンは、君自身にとって面白い『ナゾ』なの？」

卒業論文や修士論文の構想発表会などでは、このような「ダメ出し」がなされることがよくあります。関東地方の大学で経営学を教えている知人の場合、学生たちは、ゼミナール（ゼミ）の発表会での「ダメ出し」のことを滝行《たきぎょう》に喩えて「滝に打たれる」と呼んでいるそうです。知人は、アカデミック・ハラスメントにならないようにということで、コメントの内容や口調には細心の注意を払っているそうです。それでも、勇んで発表会に臨んだ学生の多くは、彼によるダメ出しの「滝」に打たれて悄気《しょげ》返《かえ》って教室を後にしてから再起を期すことになる、ということでした。

知人のゼミの場合に限らず、その種の発表会の場におけるコメントの中で恐らく最も多いのは、リサーチ・クエスチョンに関するダメ出しでしょう。それらのコメントの要点をひと言でまとめれば、次のようになります——「そのリサーチ・クエスチョンはあまり筋が良くない」。

「ダメ出し」の滝に打たれる

†「良い問い」の三条件

リサーチ・クエスチョンの筋の良さないし「良い問い」の一般的な条件については、これまで幾つかのものが提案されてきました。[1] 本章では、それらの条件の中でも、本書におけるリサーチ・クエスチョンの定義やこれまでの解説内容を踏まえて、次の三点、特に二つ目と三つ目の条件を中心にして解説していきます。

①**意義**――答えを求めることに何らかの学術的ないし実践的な意義がある
②**実証可能性**――実証データにもとづいて一定の答えを出すことが出来る
③**実行可能性**――調査に使える資源（能力、経費、時間、マンパワー等）などの現実的な制約の範囲内で答えを求めることが出来る

以上の三条件をまとめて言えば、「筋の良い問い」というのは次のようなものになるでしょう――①調べてみるだけの価値や意義があり、②データによって答えを求めることが出来て、しかも、③調査をおこなう者の「身の丈に合った」問い。

コラム　FINERとPICOT

臨床系の分野における筋の良いリサーチ・クエスチョンが満たすべき幾つかの条件ないし規準を「頭文字語」の形でまとめたものとしては、FINERやPICOTなどが比較的よく知られています。

FINERは、Feasible、Interesting、Novel、Ethical、Relevantの略語であり、それぞれ、次のような規準です。Feasible——時間や資金、対象者数などの制約内で研究可能である、Interesting——研究者とその同僚にとって興味深い、Novel——先行研究の情報を確認ないし否定し新しい知見を提供する、Ethical——倫理審査委員会による許可が得られる、Relevant——科学的知識あるいは臨床的な方針にとって意義がある。[2]

FINERは臨床研究一般に関わる筋の良いリサーチ・クエスチョンの条件ですが、PICOTの方は、具体的な対象に的を絞った研究をおこなう際の条件として提案されてきました。それぞれの頭文字には次のような意味があります。P（Population of Interest）——対象となる患者層の概要、I（Intervention）——治療的介入の内容、C（Comparison Group）――比較対象、O（Outcome of Interest）――測定対象となる効果や成果、T（Timing）――予後を判定するタイミング。[3]

本書では社会調査におけるリサーチ・クエスチョンについて解説していますが、右に挙げたような臨床領域の問いが満たすべき条件は、より実践的な働きかけを想定した研究をおこなおうとする際には特に参考になると思われます（特にHow toに関する問いかけが含まれる調査研究の場合は、そうでしょう）。なお、右で引用した条件ないし規準の中では、Feasibleが本章で言う「実行可能性」、Relevantは「意義」に該当するでしょう。また、InterestingやNobelも学術研究という意味では「意義」に含まれる条件であると言えます。

---

†三つの条件のあいだの関係

右に挙げた条件のあいだの関係を図で示せば、図5-1のようになるでしょう。調査研究を企画する際には、この図で斜線を施した部分に該当する問いを見つけて、それを具体的なリサーチ・クエスチョンとして育て上げていくことが非常に重要なポイントになります。

この図は、一見第3章の図3-1（一一五ページ）によく似ています。しかし、二つの

図 5-1　筋が良い問いに関する三つの条件の関係

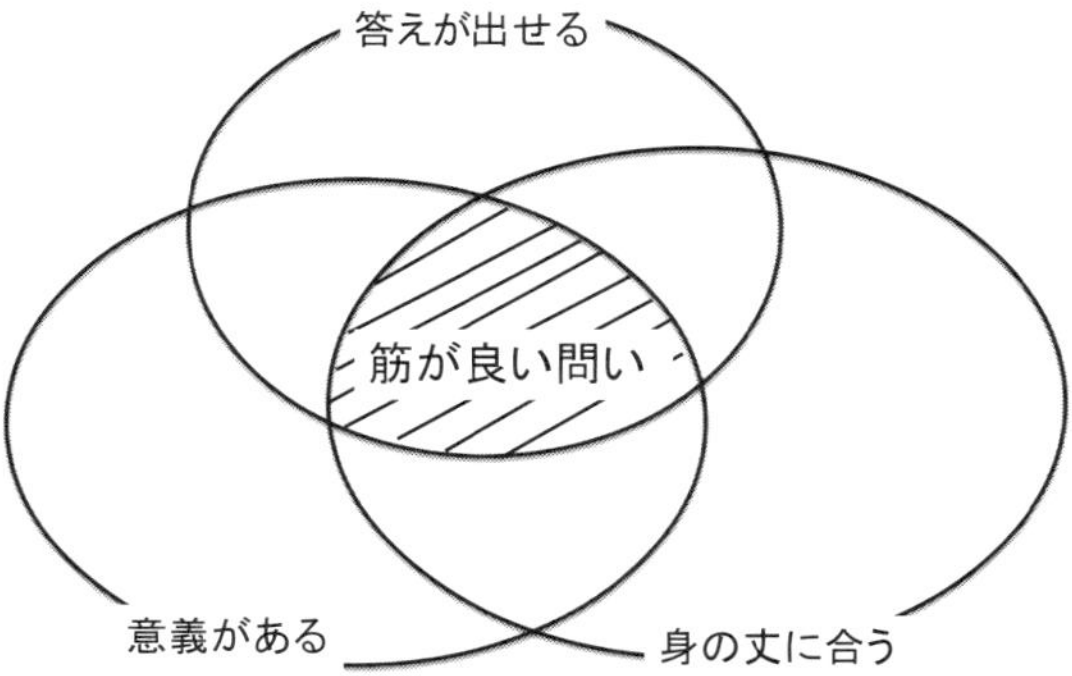

図のあいだには一点大きな違いもあります。図3－1の場合には、三つの問題関心はそれぞれが単独でも何らかの意味ないし意義があることが想定されています。一方、図5－1は、三つの領域が重なる部分、つまり三つの条件が全て満たされた時にはじめて「筋が良い問い」になる、ということを示しています。

実際、例えば、どれほど学術的ないし実践的な意義があったとしても、そもそもデータによってある程度明確な答えを出すことが出来なければ、それは社会調査の研究対象としては相応しくないでしょう。一方、理屈の上では一応何らかの答えが出せるはずのリサーチ・クエスチョンが設定されたとします。しかし、あまりにも野心的な問いであるために、その時点における調査者の力量や資質あるいは手持ちの資源だけでは、現実問題として、実際にデータや資料を収集した上で分析が出来ないような場合には、どうでしょうか？　その場合も、実行可能性という点では、とうてい筋の良い問いだとは言えないでしょう。[4]　つまり、そのようなリサーチ・クエスチョンは、調査者の「身の丈を越える」問いということになってしまうのです。

右の三条件のうち調査研究の意義については、既に第3章である程度詳しく解説してきました。以下この章では、二番目の実証可能性について触れた上で、三番目の実行可能性という点について特に詳しく見ていきます。というのも、この**現実的な条件に合わせて実際に調査が出来るレベルにまで問いを絞り込んでいく**という作業は、初学者にとっては最も分かりにくいポイントの一つである場合が多いからです。

また、第4章でも触れたように、包括的なリサーチ・クエスチョンを幾つかのサブクエスチョンの形に落とし込んでいく際の基本的な考え方や具体的な手続きについては、これまで必ずしも十分な解説がなされてきたとは言えません。その点も、本章でその手続きについて詳しく説明していくことのもう一つの理由になります。

2　実証可能性——そもそも答えが求められる問いなのか？

†問いと答えの多様性

先に挙げた条件のうちの二番目の実証可能性については、本書における解説の範囲に限って言えば、特に大きな問題は無いようにも思えます。というのも、この本では、リサーチ・クエスチョンそれ自体の定義に、「(社会科学系の)実証研究」をおこなう際に設定される問い、という点が盛り込まれているからです。つまり、本書で扱うリサーチ・クエスチョンについては、基本的に何らかの明確な答えが求められる問いであるということが前提になっているのです。

もっとも、この点に関しては、注意すべきポイントが二つあります。

一つは、社会現象に関しては、「あるがままの姿」の解明を目指す実証的な問いだけでなく物事の「あるべき姿」に関する規範的な問いが取り上げられることが少なくない、という点です。言うまでもなく、本書で主に扱っているのは主に2W1H、つまりWhatとWhyおよびHow toを中心とする実証的な問いです。しかし、それらの問いに対する答えを求める作業の中に、何らかの形で「あるべき姿」に関する想定や思い込みが織り込まれていることがよくあるのです。

もう一つ注意が必要なのは、実証研究を通して求められる答えの性格は、Whatや

Whyの問いに対するものとHow toの問いに対応するものとでは性格が異なる面がある、という点です。「2W」を構成する二つの問いの場合は、それぞれ、本来は「誰が調査をおこなっても同じような答えが出てくる」というのが、究極の理想ないし建前ということになります。一方で、How toつまり「どうすれば良いか」という問いについては、調査者が実現を目指す目標、つまり物事の「目指す姿」の想定が違っていれば、それに応じて、求められる答えもかなり異なる内容のものになる可能性があるのです。

†事実に関わる問い 対 規範に関わる問い

繰り返しになりますが、ここで実証研究に関わるリサーチ・クエスチョンというのは、資料やデータを使って比較的明確な答えを求めることが出来る問いのことです。つまり、本書では主として、**社会現象のあり方**（事実関係）**およびその背景にある因果関係について明らかにすることを目指す問い**を指して、それをリサーチ・クエスチョンと呼んでいるのです。

一方で、それ自体は非常に重要な意味を持つものの、本書で想定しているような実証研究にはなじまない問いも存在します。哲学的な問い（例　認識とは何か？　なぜ世界は存在するのか？）や神学的な問い（例　教理の本質はどのようなものか？　なぜ霊魂は存在するか?)は、その典型だと言えます。それら以外で、実証的な手続きだけでは明確な答えが出せない問いの代表的なものとしては規範的な問いが挙げられます。つまり、物事の是非善悪、つまり倫理的な価値判断に関わる問いです。少し意外に思えるかも知れませんが、この規範的な問いは、実証的な問いと混同されてしまったり、その問いに対する答えが実証的な問いを設定する際の暗黙の前提になっていたりする場合が少なくありません。

例えば、次に挙げる二対の問いで言えば、E1とE2は実証的な問い、N1とN2は規範的な問いということになります(EとNは、それぞれEmpirical(実証的)とNormative(規範的)から)。

E1:なぜ、インターネット上の交流サイト(SNS)の運営事業者(プロバイダー)である大手IT企業は、投稿者による特定個人や組織に対する誹謗中傷や事実無根の情報に対する迅速な対応を怠り、またそれらの記事や情報の削除要求に対して消極的な対応しか示してこなかったのか?

N1:SNS上の誹謗中傷や事実無根の情報に対する大手IT企業の消極的な対応はどのような点で批難されるべきか? 大手IT企業は、本来、どのような対応をすべきか?

E2：なぜ、新型コロナウイルス感染症に関する日本政府による一連の意思決定と政策実行プロセスの多くは、政府関係者にすら「泥縄式」と呼ばれるものになっていたのか？[5]

N2：新型コロナウイルス感染症に関する日本政府の一連の拙劣な対応はどのような点で批難されるべきか？　本来、どうあるべきだったのか？

右の二組のうち、N1とN2は、本書で定義するような意味でのリサーチ・クエスチョンとしては相応しくない問いだということになります。それに対して、E1とE2の問いはそれぞれ、少なくとも〈実際のデータによって何らかの明確な答えが得られる可能性がある〉という点に関して言えばリサーチ・クエスチョンとして適切なものだと言えます。

†「あるがままの姿」と「あるべき姿」

というのも、E1とE2のような実証的な問いは、「社会的現実のあり方」ないし成り立ちという意味での「**あるがままの姿**」を出来るだけ正確かつ客観的にとらえることを目指して設定される問いだからです。それに対して、N1とN2の問いは「**あるべき姿**」、つまり「現実はどうあるべきか」という点に対する答えを求める際に設定される問いです。その「あるべき姿」についての答えを求めていく際には、できるだけ正確な現実認識、つまりE1とE2のような実証的な問いに対する答えから得られる確実な情報が前提になっていることが望ましいでしょう。ただし、当然ですが、その規範的な問いに対する答えを求める作業は、実証研究とは基本的に性格が異なるものだと言えます。というのも、実証研究の場合には、物事の事実関係について、特定の価値判断に対して距離を置いて、つまり可能な限り中立的な視点から、まさに「あるがまま」に近い形で把握していくことを目指すことが想定されているからです。

これは一見、特にここで改めて強調する必要も無いごく当然の事柄であるように思えるかも知れません。しかし、実際に調査研究をおこなっていると、何らかの物事をめぐる道徳的な価値判断の前提、つまり「あるべき姿」に関する個人的な見解や倫理的な判断が、知らず識らずのうちに先入観ないし偏見として、データの解釈だけでなく、そもそもの基本的な問題設定の内容にまで入り込んでしまうことがあります。またその結果として、「あるがままの姿」を見誤ってしまうことも少なくありません。ですので、リサーチ・クエスチョンを設定する際には、その問いの中に規範的な問いの要素が含まれている可能性について確認してみる必要があるのです。

コラム　社会現象に対して完全に公平無私《ニュートラル》な姿勢で向き合うことなど出来るのか？

規範的な問いそれ自体は、たしかに実証研究にはなじみにくい面があります。しかし、実際問題としては、取り組むべき研究対象としてある社会現象を取り上げる際に、その現象に対して調査者が何らの価値判断や評価を一切おこなっていない、というのも考えにくい面があります。例えば、第1章で挙げた五つのリサーチ・クエスチョン（表1－1）や本章のE1とE2のような問題設定の背景には、それぞれ、SNSの現状や日本政府の感染症対策などが孕む問題に関するわたし自身の見解があることは明らかでしょう。

実際、調査研究の重要な局面における各種の意思決定に関しては、何らかの個人的な見解や一種の世界観あるいは学問観が、その前提として存在しているはずです。その意思決定の中には、例えば、そもそもどのような社会現象を研究対象として取り上げ、また、どのような切り口から特にどのような側面に対して焦点をあてて分析を進めていくか、などという点に関わる取捨選択が含まれています。

実際、「あるべき姿」に関する何の見解も持たずに、完全に中立的（公平無私）

な姿勢で社会的現実のあり方や成り立ち(「あるがままの姿」)の解明に臨むことが出来る、などと主張するのは非現実的な理想論あるいは一種の幻想に過ぎないとさえ言えるでしょう。その点からすれば、完全に価値中立的なスタンスを目指すというよりは、むしろ、研究対象および分析上の理論的枠組みや手法について自分自身が抱いている見解あるいは基本的な世界観・社会観に関する前提について可能な限り自覚的かつ自省的になることの方が大切なのです。[6](また、場合によってはそれらの前提を何らかの形で開示しておく必要もあるでしょう。)

---

†実践に関わる問い(How to)=「目指す姿」を実現するための問い

「何らかの価値判断が含まれているか、そうでないか」という点に関して言えば、本書でこれまで2W1Hの「三点セット」として一緒に解説してきたHow toの問いの場合も、WhyとWhatの問いとは基本的な性格が異なる面があります。というのも、How toの問いは価値中立的であるどころか、むしろ、特定の価値判断や利害関心にもとづいて改善策を見つけ出していくことが前提になっているからです。

実際、第3章で強調した「2W1Hの繰り返し」(一二六―一二九ページ)というのは、取りも直さず、何らかの価値判断や見解を前提とした上で、事実関係と因果関係の解明の結果を踏まえて改善策を模索していく作業に他なりません。つまり、How toのリサーチ・クエスチョンというのは、「あるがままの姿」に関するできるだけ正確な把握を踏まえた上で、実現したい状況としての「**目指す姿**」を達成するために設定される問いなのです。

当然ですが、このように特定の価値判断が前提になっている以上、How toの問いの場合には、その問いを設定する人の立場や実現を目指す価値に関わる前提が異なっていれば全く違う答えが出てくることになります。[7] これは、WhatとWhyの問いの場合には、誰が調査研究をおこなっても同じ答えが得られるのが究極の理想（ないし建前）になっているのとは対照的です。

例えば、熾烈なシェア争いを繰り広げているA社とB社という小売企業二社それぞれの関係者が市場調査をおこなった上で自社にとっての改善策を探っていたとします。この場合一つの可能性としては、どちらの関係者が調査をおこなったとしても、シェアの現状に関するWhat（どのような市場占有率になっているか？）およびWhy（なぜ、そのような占有率になっているか？）という二つの問いに関しては、ほとんど同じ答えが出てくる、というようなケースもあり得るでしょう。しかし、How toの問いに関しては、それぞれ自社の側のシェアをさらに伸ばしていくことが前提になっているでしょうから、そもそも立てられる問い自体が対照的なものになるでしょう。したがって当然ながら、How to に対する答え（改善策）もかなり違ったものになるはずです。

問いと答えの時間軸

Why および What の問いと実践の問いである How to のあいだには、何らかの利害関心や価値判断が直接関わっているか否かという点に加えて、「問いと答えの時間軸」という点でも大きな違いがあります。

「あるがままの姿」の解明を目指す Why と What の問いの場合には、理想ないし建前としては、論文や報告書に記載される最終的な答えが出た時点でその当否（ないしどの程度当たっているか）が確定していることになります。[8] 一方で、How to の問いに対する答えの場合は、その答えの当否ないし成否が判明するまでに一定の時間がかかります。というのも、How to は、現状を変革していくことを目指す実践的な働きかけのために設定される問いだからです。したがって、論文や報告書で働きかけ（改善策）に関する答えが提示されてから、その働きかけが期待されていた効果を実際にあげたかどうかが明らかになるまでには、当然、一定の時間が経過します。その意味では、How to の問いに対する答えの多くはあくまでも暫定的なものだということになります。

これは、第3章で喩えとして使った医療行為についても同様です。医療の場合も、例えば、検査や診断の結果として出された処方薬の効果が明らかになるまでには——どれだけ「即効性」のある薬だとしても——服用してから一定の時間がかかります。

同じように、先に例として挙げたような、特定のA社の関係者が設定した問いに対する答えとして出されたシェア獲得戦略の成否が判明するまでにはある程度の時間がかかることになるでしょう。もっとも、対抗するB社の方でも独自の戦略を駆使して市場競争に臨んでいるでしょうから、事態は刻々と変化しているはずです。それに合わせて、A社の側としてもいったん策定した戦略に対して変更を加える必要が生じてきます。

繰り返しになりますが、このように、How to は、現実の姿を「あるがままに」客観的かつ正確にとらえるための問いというよりは、現状の変革を目指すために設定される問いです。したがって、その変革に向けた働きかけの進展や成果次第によっては、答えの当否ないし成否も大きく変わってくることになります。これは、How to の問いが、いわば動く標的（moving target）に対して照準を合わせようとしているからに他なりません。[9]

その点からすれば、How to の問いに対する答えは、どうしても暫定的な性格を持たざるを得ないのだとも言えます。一方で、これをむしろ肯定的にとらえれば、How to の答えは「未来に開かれた答え」だと言うことも出来るでしょう。

以上で見てきたように、ひと口に「答えが求められる」とは言っても、その「答え」には実にさまざまなものがあります。リサーチ・クエスチョンを設定し、さらにそれを必要に応じて何度となく練り直していく際には、まず、「その問いが実際に答えが求められるものであるか？」という点について確認しておかなければなりません。また、その問いとそれに対応する答えが社会的現実の「あるがままの姿（現状）」、「あるべき姿（理念）」、「目指す姿（目標）」のそれぞれに対してどのように関わっているのか（あるいは、いないのか）という点についても見極めていく必要があります。

3 実行可能性

†包括的な問い（タイプⅡ）を個別具体的な問い（タイプⅣ）に落とし込んでいく

当然とも言えますが、2W1Hを構成するそれぞれの問いの性格を見きわめ、また、特定の問いについて、それがデータや資料によってある程度明確な答えが出せるものであるということが確認できたとしても、それだけで調査研究の指針になるようなリサーチ・クエスチョンが設定できるわけではありません。

というのも、当初の段階で想定したリサーチ・クエスチョンの多くは、表4−1のタイプ分け（一六八ページ）で言えば、タイプⅡに該当する包括的ないし総論的な問いであることが多いからです。その場合は、その問いがあまりにも多くの対象をカバーするものであったり、あるいはリサーチ・クエスチョンの抽象度が高すぎたりして、実際に調査をおこなおうとする際にどこから手を付けてよいのか見当がつかない例も少なくありません。

その一方で、初学者の場合には、例えば、一年ないし二年足らずのあいだに卒業論文や修士論文をまとめなければならないというような事情を抱えているケースも多いことでしょう。その場合は、何らかの形で、それらの包括的な問いをもっと「身の丈に合った」レベルの問いにまで落とし込んでいく必要があります。言葉を換えて言えば、包括的なメインクエスチョンを、資料やデータから得られる情報によって答えを導き出すことが出来るレベルの個別具体的なサブクエスチョン、つまり表4−1で言えばタイプⅣの問いにまで落とし込んでいく必要があるのです。

そのサブクエスチョンへの落とし込みの手続きを進めていく際に考慮すべき条件には、大きく分けて現実的な制約と本質的な制約の二種類のものがあります。さらに、本質的な制約については、調査研究がカバーする対象の範囲と視点という二つの面から考えることができます。

†現実的な制約条件――問いの「サイズ（大きさ）」を調整する

包括的で総論的なリサーチ・クエスチョンを個別具体的で各論的な問いにまで落とし込んでいこうとする際に最初に考慮しなければならないのは、さまざまな意味での現実的な制約条件です。

その中でも最も重要な条件の一つに、時間的な制約があります。例えば、卒業論文や修士論文を作成するためにおこなう調査の場合であれば、論文の提出期限が重要な時間上の制約条件になります。調査会社やシンクタンクなどが調査を請け負っているような場合には、クライアントに対する調査報告書の納期が最も重要かつ切実な時間的制約になるでしょう。

調査に投入することが出来る経費やマンパワーも、実際に調査プロジェクトを遂行していく上での重大な制約条件になります。また、大量データを扱う必要があるような場合には、そのデータを処理するためのマンパワーが動員できるかどうか、という点も事前に考慮しておくべき重要なポイントになるでしょう。さらに、自分自身でデータを収集するのではなく、主として既存の資料や統計データを利用して分析をおこなう場合には、調査目的にぴったり合った「お誂《あつら》え向き」のデータセットが存在しているかどうかという点も検討しておかなければなりません。

また、調査者の資質や適性も、リサーチ・クエスチョンを設定する上で決定的な制約条件の一つになります。例えば、〈資料やデータの収集や分析をおこなう上で必要となる能力を持っているか〉あるいは〈調査対象に関する「土地勘」があるか〉という点は、確認しておかなければならない重要なポイントになるでしょう。

いずれせよ、調査者の資質や手持ちの資源を超えるような「大きすぎる問い」は、何らかの形で「身の丈に合う」サイズにまでスケールダウンしていかなければなりません。

この点に関連して、豪州の経営学者デイビッド・シルバーマンは、『質的データの解釈法』という解説書の中で、「多くの事柄について少しだけのこと（a little about a lot）」を語るよりは「少数の事柄について多くのこと（a lot about a little（problem））」が言えるようにするべきだと指摘しています。言葉を換えて言えば、何かについて「広く浅く」調べるよりは、特定の問題や事例に焦点を絞った上で出来るだけ詳細な情報を収集して――狭い範囲ではあっても深く掘り下げて――確実な結論を出すことを心がけるべきだ、というわけです。

†本質的な制約――調査対象と調査項目の範囲

「少数の事柄について多くのこと」が言えるようにする必要があるのは、必ずしも初学者の場合に限りません。たとえ調査研究に関しては豊富な経験がある「超ベテラン」であっても、またどれだけ時間的な余裕があり比較的潤沢な資源が使えたとしても、包括的な問いのままでは実際にデータや資料を収集してその問いに対する答えを求めていくことは事実上不可能です。それには、大きく分けて二つの理由があります。

そのうちの第一の理由は、調査対象が限定されていない、というものです。タイプⅡのような包括的な問いは一般論の形で設定されるために、そのままでは、あまりにも多くの対象をカバーする問いになっていることが多いのです。例えば、第4章で「問いのレベル」について解説した際に取り上げた左のような問いが、その一例です。

なぜ、一部の研究者は、従来の研究動向とは異なる野心的で（研究自体の成否や論文の採択可能性という点で）不確実性の高い研究戦略を積極的に採用したり、あるいは逆にそれに対して消極的な対応を示したりするのか？

右のような文章では、「研究者」と言ってもあまりにも一般的すぎて、具体的にどのような人々を対象にしてデータや資料を集めれば良いのか見当もつきません。したがって、調査研究をおこなおうとする際には、解明すべき問いにとって特に関連が深いと思われる属性を特定した上で、その属性を持つ人々を対象者として選び出していかなければなりません。

調査対象が明確化されていないという点に加えて、包括的な問いの場合は、具体的な調査項目が限定されていないために、そのままでは実証研究をおこなうことが事実上不可能であることが少なくありません。これが、実際に調査をおこなうにあたってサブクエスチョンを設定する必要がある第二の理由です。

実際、包括的な問いは、調査項目の範囲という点に関しても抽象的で漠然とした問いかけになっている場合が少なくありません。したがって、どれだけ対象を限定しておいたとしても、その限定された対象について検討すべき項目の数はほとんど無限に存在するように思えてしまいます。

右に挙げたリサーチ・クエスチョンの例について言えば、「野心的な研究戦略の採用」という意思決定の背景にある要因としては、実にさまざまなものが想定できます。すぐに思いつくだけでも、例えば、設備や資金をはじめとする研究環境や国家レベルの教育研究政策、大学や学部の経営方針と人事上の方針、あるいはまた研究者自身のキャリアステージなどが重要な条件として挙げられるでしょう。場合によっては、大学の設置形態と立地条件や研究者個人の家族構成だって重要な影響を及ぼしているかも知れません。

しかし、当然ながら、それらの要因の全てを網羅的に（しらみつぶしに）調べ上げることなど出来るはずはありません。したがって、実際に調査をおこなう場合には、それらの要因の中から主な問題関心にとって最も相応しいと思われる項目を選び出した上で、それらの項目について重点的にデータや資料を収集していく必要があります。

†範囲を限定して問いと答えの解像度と精度を上げていく

要するに、包括的で総論的な問いのままでは、あまりにも多くの範囲をカバーしているために、実際に調査研究をおこなう際の具体的な指針にはなり得ないのです。

その「大きな問い」は、調査の大まかな方向性を定める、いわば「デッサン」としては有効でしょう。風景画などを描く場合でも、最初にラフスケッチや文字通りのデッサンを描くことが多いでしょう。事実、その種の作業は、目の前に見えている風景のどの部分を切り取ってカンバスの上に再現し、またどのような構図で再現（表現）するかなどを決めるために不可欠の手順になることが少なくありません。

しかし、それだけでは、明確な輪郭を持った絵を描くことは出来ません。実際、それは手動式の写真機による撮影の例で言えば、どの方向にレンズを向けるかは決まったものの、まだ「ピント」の調整が済んでいない状態にあたります。そのままシャッターを押してしまったら、文字通り「ピンぼけ」の写真になってしまうでしょう。本来の目的を果たすためには、絵の場合には少しずつ細部を描き込んでいく作業、(手動式の)写真機で言えばフォーカスを絞り込んでいく作業が必要になってきます。

それと同じように、実証研究をおこなう場合には、メインクエスチョンを設定して全体の方向性を定めた次の段階では、フォーカスをさらに絞っていくための方針について決めていく必要があります。つまり、特定の調査対象を選び出し、また特定の要因に視点を絞り込むことによって、タイプⅡの問いをタイプⅣに落とし込んでおく必要があるのです。

当然ですが、その対象と視点の絞り込みの作業をおこなう際には、それと併行して現実的な制約条件を考慮に入れた上で「身の丈に合った」問いに落とし込んでいく必要があります。そして、そのような手続きを経て、タイプⅡのような「大きな問い」は幾つかの「小さな問い」であるタイプⅣの問いに分割されていきます。また、それは、問いの文章をさまざまな角度から言い換えて(=パラフレーズして)いく作業になることが少なくありません。

コラム　Yes or No が答えになる「リサーチ・クエスチョン」は筋の良い問いなのか?

調査研究の報告書や学術論文では、時折、Yes か No のどちらかが答えになるような問い、あるいはその他の二者択一式の答えが前提とされる問いがリサーチ・クエスチョンとして提示されることがあります。例えば、次のような「二択」の問いです。

「日本の小学生の学力は一九八〇年代から二〇〇〇年代初めのあいだに低下傾向を示してきたか?」(二択の場合:「……低下傾向を示してきたか、それともそうではなかったか?」)

「二〇〇〇年代以降の日本企業のガバナンス改革は成功したか?」(「……成功したのか、失敗したのか?」)

「一九九〇年代、日本政治は変わったのか?」(「……変わったのか、変わらなかったのか?」)

「芸術は芸術であることを失わずにビジネスになり得るか?」(「……ビジネス

になり得るか、なり得ないか？[11]」）

この種の、二者択一式の答えが想定される問いは、本書におけるリサーチ・クエスチョンの定義からは外れているように見えます。というのも、これらの問いは抽象的であり、かつかなり広い範囲の対象をカバーしていて、資料やデータによって明確な答えを求めることは出来ないからです。実際、これらの問いを単体で取り上げた場合、それに対する答えは「Yes and No」（ある場合にはそうだが、別の場合にはそうではない）としか言いようがないでしょう。また、「低下傾向」「成功」「ビジネスになり得る」などはかなり抽象的で曖昧な言葉であるために、それらの言葉の解釈次第ではどのようにでも答えられるはずです。したがって、このような問いだけを単独で研究上の問いとして設定したとしたら、それは実証的なリサーチ・クエスチョンとして相応しいものだとは言えません。

もっとも、このような問いは、いわゆる「問題意識」ないし「問題関心」的な性格を持つ問いかけとしては、少なからぬ意味を持つ場合があります。実際、その種の問いかけは、調査研究をおこなう際の大まかな方向性を示す上では効果的である例も少なくないのです（その意味ではタイプⅡのリサーチ・クエスチョンとしての役割を果たし得るものだと言えます)。ただし、その場合は、それと関連する一連のサブクエスチョンによって補足していくことがどうしても必要になります。

本書では、何度かリサーチ・クエスチョンを羅針盤に喩えてきました。遠洋航海を無事に進行させて目的地にたどり着くためには、羅針盤だけでなく海図や天文航法をおこなうための「六分儀《ろくぶんぎ》」が不可欠です。さらに、立ち寄り先の港についての詳しい情報なども必要でしょう。それと同じように、調査研究の大まかな方向性を示す問題意識的なレベルの問いかけは、その問いを具体的な言葉や明快な概念で言い換えたり、問いかけの内容を細かくブレークダウンしたサブクエスチョンによって補足したりしていく必要があるのです。

4 サブクエスチョンの設定

†対象の絞り込み

包括的な問いを個別具体的な問いに落とし込んでいく際に不可欠となる主な作業の一つは、研究対象として取り上げる事例を絞り込んでいくという手続きです。この点について

図5-2　対象の絞り込み：特定の事例に絞り込んで調査をおこなう[12]

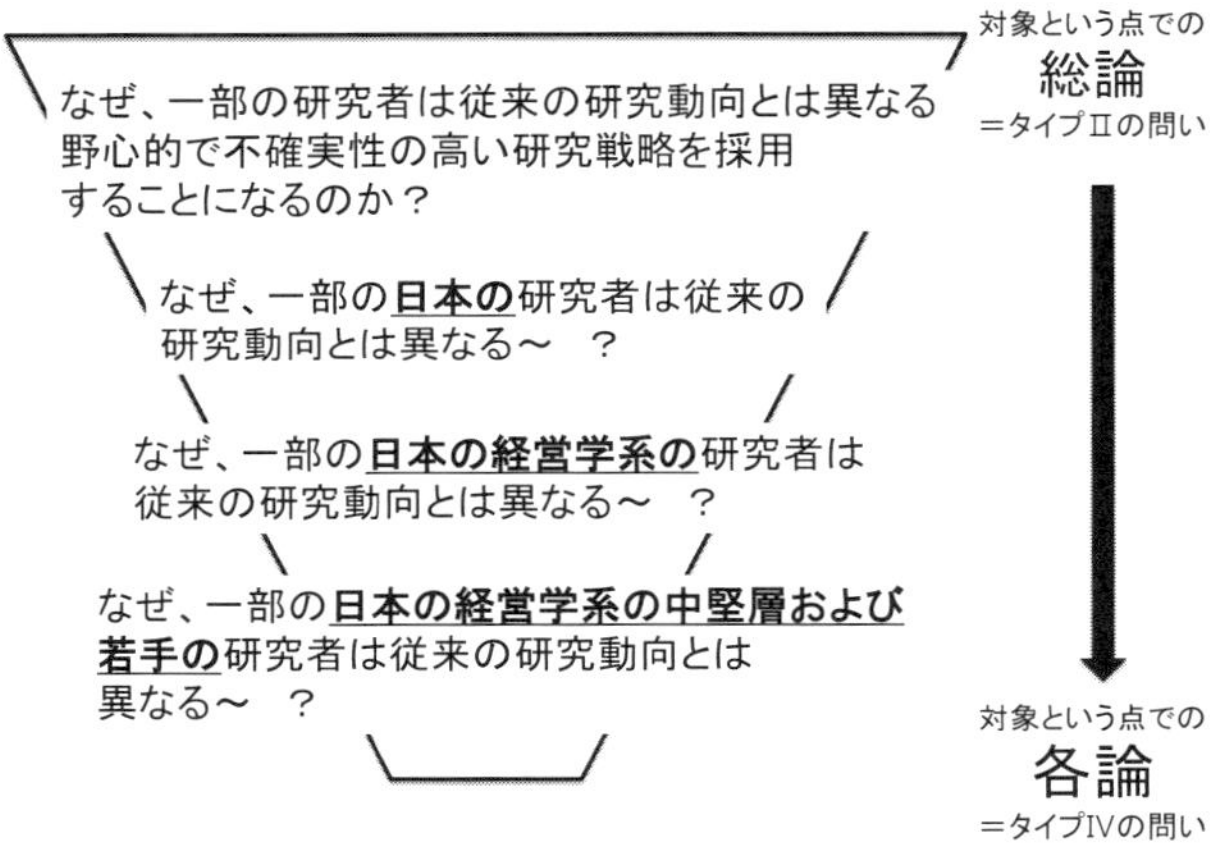
なぜ、一部の研究者は従来の研究動向とは異なる野心的で不確実性の高い研究戦略を採用することになるのか？
なぜ、一部の日本の研究者は従来の研究動向とは異なる～　？
なぜ、一部の日本の経営学系の研究者は従来の研究動向とは異なる～　？
なぜ、一部の日本の経営学系の中堅層および若手の研究者は従来の研究動向とは異なる～　？
対象という点での
総論
＝タイプⅡの問い
対象という点での
各論
＝タイプⅣの問い

は既に第4章で「問いのレベル」について触れた際に、先に挙げたものと同じ例を挙げて解説していますが、ここで改めてその例を取り上げて、対象を絞り込んでいく手続きの概要を図解すると図5-2のようになります。

この下側の底辺がすぼまった台形、あるいは「漏斗《ろうと》」のような図に示されているように、対象絞り込み型のアプローチでは、「研究者（一般）」という総論ないし一般論レベルの包括的な問い（メインクエスチョン）をまず「日本の研究者」という限られた対象に絞り込んでいます。次いで、それを「日本の経営学系の研究者」という各論的で個別具体的なサブクエスチョンに落とし込むことになります。

さらに、現実的な制約条件を考えれば、全体で数千人にのぼると思われる経営学系の研究者の全てを対象にして調査をおこなうわけにはいかないでしょう。[13] たとえ主な調査技法として、比較的多数の人々からデータを収集することが出来る質問表調査を採用する場合であっても全数調査は不可能でしょう。また、データや情報の精度という点からも全数調査にはそれほど意味があるとは思えません。

したがって、実際には、せいぜい数百名程度の研究者を選び出して回答を依頼することになると思われます。また、もし中堅層や若手の研究者こそが野心的な研究に対して果敢に挑戦していく可能性が高いと想定される場合には、図に示したように、特にその層の研究者に絞り込んで調査をおこなうことになるでしょう。

このような調査対象に関する絞り込みの手続きによって、総論的なリサーチ・クエスチョンは、実際に収集したデータや資料の情報によって検証可能な各論的なレベルの問い（サブクエスチョン）にまで落とし込まれていくことになります。また、調査研究の対象となる事例を絞り込むことによって、調査自体が、手持ちの資源（マンパワー、時間、資金等）で実行可能なレベル、つまり「身の丈に合った」ものになっていきます。

†視点の絞り込み

当然ですが、実際にデータや資料のデータを収集する調査対象を特定の事例――例えば、日本の経営学系の中堅層と若手の研究者――に絞り込んだ上でサブクエスチョンを設定したからと言って、それだけでその問いに対する確実な答えが得られるわけではありません。実際の調査研究では、それに加えて、それらの事例が持つさまざまな特徴や属性の中でも特定のリサーチ・クエスチョンにとって特に重要な意味を持つと思われるものに焦点を絞り込んでいく作業が必要になってきます。つまり、実証研究においては、調査対象を絞り込むだけでなく、その対象について把握する上での視点を絞り込んでいく必要があるのです。

例えば、先に挙げたリサーチ・クエスチョンの例を作成する上で参考にした研究事例では、第1章の表1－3（六〇―六一ページ）で引用した「仮説群2」からも分かるように、「自己効力感」に関する心理学理論が視点の絞り込みをおこなう上での根拠の一つになっています。また、それ以外には、優れた研究業績を論文として刊行した際に著者に対して与えられる経済的報酬と、所属教員の業績の質が大学の対外的評価に与える影響に関する組織レベルの期待というものが、研究戦略の採用に影響を及ぼす重要な要因として取り上

図5-3　視点絞り込み型：特定の分析枠組みの範囲に絞り込んで調査をおこなう

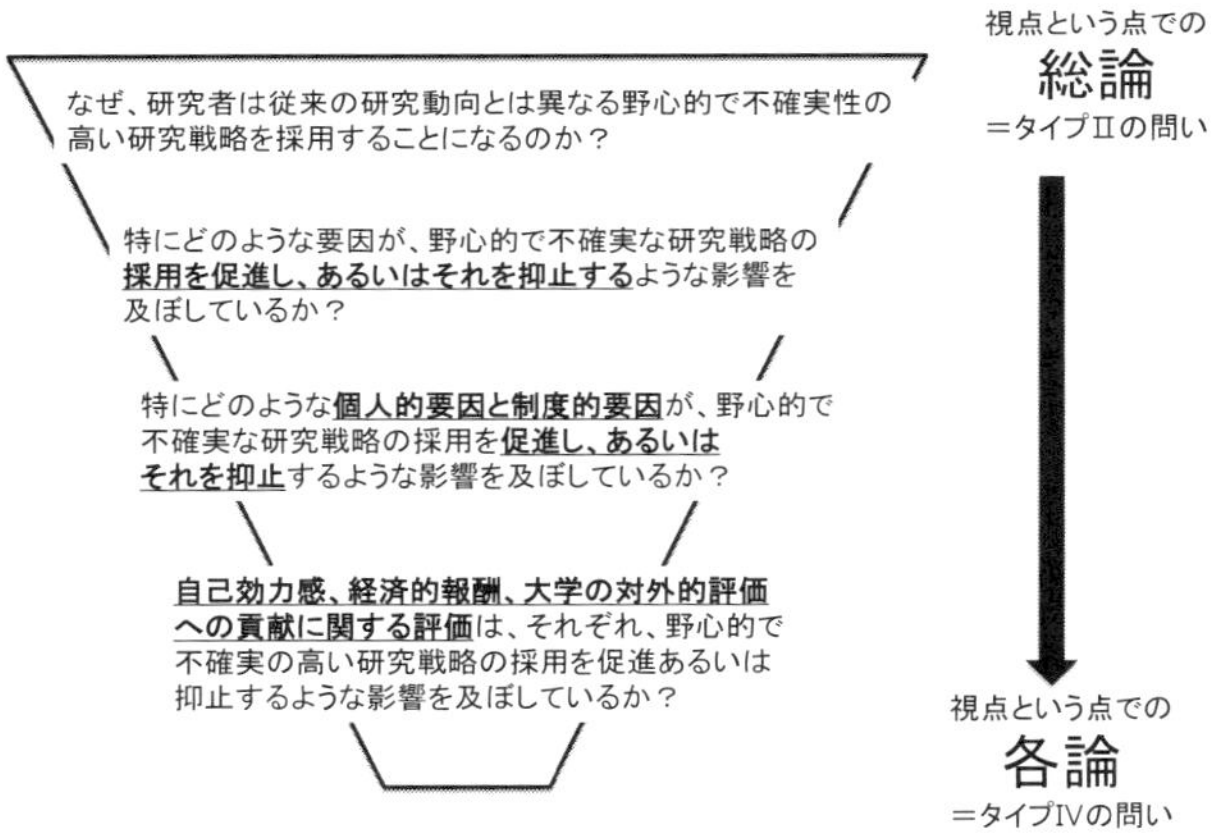

げられています。

この点を図解してみれば、図5－3のようになるでしょう。

この例のように、視点の絞りこみの手続きに際しては、通常、何らかの概念や理論がその指針ないし根拠として重要な役割を果たすことになります。実際、研究論文の導入部分などでは、「分析の枠組み」や「理論（的背景）」などという見出しで、その視点の絞り込みをおこなう際の根拠となる理論的枠組みに関する解説がなされることが少なくありません。

いずれにせよ、調査対象を絞り込むだけでなくそれらの対象について検討していく際の視点を絞り込むことによって、包括的であり抽象的でもあるタイプⅡのリサーチ・クエスチョンは、実際に収集するデータや資料の情報によって検討を加えることが出来る、各論的で具体的なタイプⅣのサブクエスチョンに落とし込まれていくことになります。

†スポットライトとしての理論と概念

なお、図5－3からも見て取れるように、特定の理論的枠組みや概念を採用して視点を絞り込むということは、「何に焦点をあてて見るか」だけでなく、それと同時に「何を見ないか」という点について決めるということでもあります。つまり、どのような属性ないし要因については検討や考察の対象から除外していくか、という点を選択することでもあるのです。右の例では、自己効力感・経済的報酬・大学ランキングへの配慮の三点がクローズアップされる一方で、その他の、研究戦略に影響を与える可能性がある各種の要因（例えば、研究者が所属する大学の種別、政府の教育研究政策、研究者間の「人脈」的な関係性など）は分析の視野からは除外されています。

理論的枠組みや概念が持つこのような機能については、演劇公演においてスポットライトが果たす役割に喩えることが出来るでしょう。スポットライトには、舞台上の特定の領域や登場人物などを浮かび上がらせる一方で、他の舞台の領域を暗闇の中にとどめることによって観客の目からは見えないようにする効果があります。同じように、特定の概念やその前提としての理論的枠組みには、研究対象が持つさまざまな属性の中でも特定のものに光をあてることによって、それらの対象が共通に持っている特徴を明瞭に浮かび上がらせる、という機能があります。その一方で、特定の理論や概念を採用することによって、それらの特徴以外の側面や属性は当面の分析の視野からは外されていくことになります[14]。

なお、理論や概念のこのような機能については、以前からよく「サーチライト」という喩えが使われてきました。しかし、「サーチライト」は、本章で解説しているような絞り込みのプロセスというよりは、むしろそれまで見えていなかった領域を探索していき、新たなリサーチ・クエスチョンを創り上げていくプロセスを言い表す比喩としてこそ相応しいものだと言えます。（この点に関しては、次の第六章でサブクエスチョンによる「拡張」について解説する際に改めて詳しく説明します。）

†各種の絞り込みの同時進行——WhatとWhyの往復

いずれにせよ、ここで注意しておきたいのは、包括的な問いであるメインクエスチョンを個別具体的なサブクエスチョンに落とし込んでいく手続きにおいては、各種の絞り込みの作業が同時並行的に進行する場合が多い、という点です。そして、その作業においては、

「問いに対する問いかけ」が何度となくおこなわれることになります。

例えば、図5-2と図5-3では、「なぜ（Why）？」の問いだけを挙げています。[15] しかし、当然のことながら、一方では、これらの因果推論に関する絞り込みの作業と並行して、物事の事実関係に関わる「どうなっているか（What）？」の問いの方も、それぞれに対応するレベルのサブクエスチョンとして絞り込まれていくことになります。

例えば、図5-2に示した、〈研究者一般→日本の研究者→日本の経営学系の研究者→日本の経営学系の中堅・若手層の研究者〉という対象の絞り込みに際しては、それぞれの層の研究者たちが採用している研究戦略の特徴の大まかな傾向に関する情報の収集がおこなわれることになるでしょう。また、それぞれの段階における実態の把握の結果を踏まえて、次の段階の対象の絞り込みがおこなわれることになります。

†対象の絞り込みと視点の絞り込みの同時進行
――「問いに対する問いかけ」を通してサブクエスチョンを設定していく

さらに、対象の絞り込みと視点の絞り込みという二種類の作業が同時並行的におこなわれる場合も少なくありません。例えば、図5-2では「研究者」の範囲が最終的に経営学系の中堅・若手の層の研究者に絞り込まれています。しかし、もし、特に明確な理由や根

図5-4 「問いに対する問いかけ」（サブ・サブクエスチョン）を通して対象を絞り込んでいく

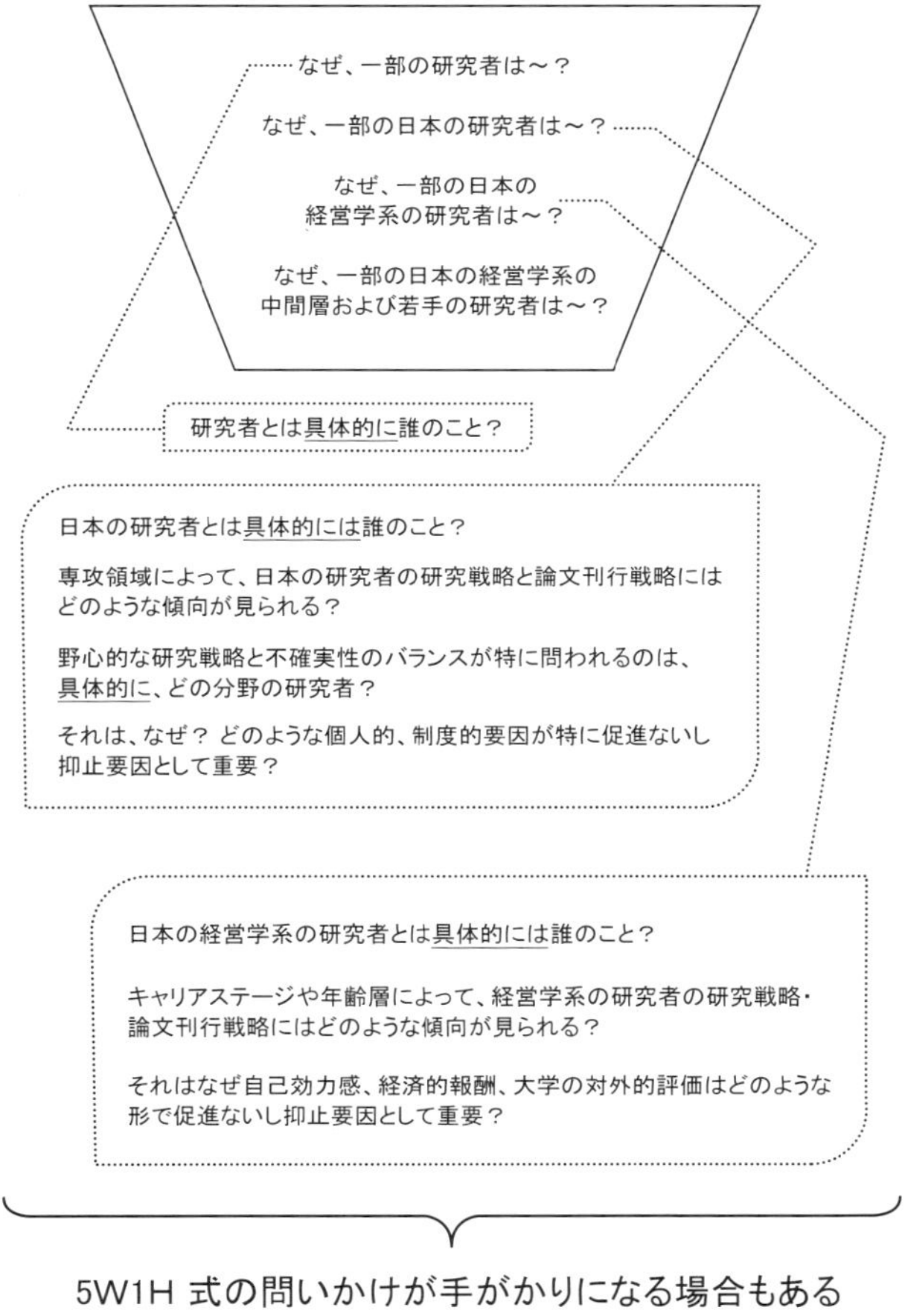

なぜ、一部の研究者は～？

なぜ、一部の日本の研究者は～？

なぜ、一部の日本の経営学系の研究者は～？

なぜ、一部の日本の経営学系の中間層および若手の研究者は～？

研究者とは具体的に誰のこと？

日本の研究者とは具体的には誰のこと？

専攻領域によって、日本の研究者の研究戦略と論文刊行戦略にはどのような傾向が見られる？

野心的な研究戦略と不確実性のバランスが特に問われるのは、具体的に、どの分野の研究者？

それは、なぜ？ どのような個人的、制度的要因が特に促進ないし抑止要因として重要？

日本の経営学系の研究者とは具体的には誰のこと？

キャリアステージや年齢層によって、経営学系の研究者の研究戦略・論文刊行戦略にはどのような傾向が見られる？

それはなぜ自己効力感、経済的報酬、大学の対外的評価はどのような形で促進ないし抑止要因として重要？

5W1H式の問いかけが手がかりになる場合もある

拠もなく、単に日本で調査を行う場合にデータが比較的収集しやすいだろうという漠然とした見込みだけでこの層の研究者を最終的な調査対象として選んだのだとしたら、かなり安易な選択ということになってしまうでしょう。

それに対して、より意図的かつ戦略的な観点から明確な方針に沿って調査対象を選択していく場合には、例えば、図5-4に図解したような「問いに対する問いかけ」を通して対象を絞り込んでいくことになります。そして、この図で点線の「吹き出し」で囲まれた一連の疑問文として示したように、「研究者一般」から日本の経営学系の中堅・若手層の研究者までの絞り込みの手続きにあたっては、それと並行して、図5-3で示した〈個人的要因と制度的要因↓促進要因と抑止要因↓自己効力感・経済的報酬・大学の対外的評価〉という流れでおこなわれた視点の絞り込みがその根拠の一つとして用いられているのです。

なお、第2章で指摘したように、5W1H的な疑問詞の類型論はメインクエスチョンの分類という点ではそれほど役に立つわけではありませんが、このような、サブクエスチョンに対する問いかけの時には有効な手がかりになることが少なくないのです。

†「目的志向型サンプリング」の発想

ここで解説している例のように特定の理論的視点にもとづいて調査対象となる事例を選び出していく手続きのことを「目的志向型サンプリング」(purposeful sampling) ないし理論的サンプリング (thearetical sampling) と呼ぶことがあります。[16] 図5-4では、まさにその目的志向型サンプリングの発想にしたがって対象の絞り込みがおこなわれたことを想定しています。

なお、この図では視点の絞り込みの方針を根拠にして対象の絞り込みがおこなわれていますが、逆のケースもありうるでしょう。つまり、対象をある程度絞り込んだ上で簡単な予備調査をおこなった結果として、それまでの調査の作業段階では特に想定されていなかった要因の重要性が新たに浮かび上がってきたようなケースです。その場合は、視点の絞り込みの方向性が変わっていくこともあり得るでしょう。

例えば、日本の経営学系の研究者の中でも、年齢層ないしキャリアステージというよりは、むしろ所属する大学の設置形態(国立、公立、私立)の違いが研究戦略のあり方に対して重要な意味を持っているという点が明らかになってきたとします。その場合には、その要因をも考慮に入れてリサーチ・デザインを組み直す必要が出てくるかも知れません。また、それにしたがって、当然、対象の絞り込みの方針も変わってくるでしょう。

これは、まさに第4章で解説した「漸次構造化」的なプロセスだと言えます。実際、図

4―4（一六一ページ）に示したように、そのようなプロセスを経て調査の中期にはリサーチ・クエスチョンの改訂作業が何度となく繰り返されていく場合も少なくないのです。[17]

†無数の枝葉（サブ・サブクエスチョン）を切り落として幹と太い枝だけを残す

図5―4で三つの「吹き出し」の形で示した疑問形の文章の幾つかには、下線を引いた「具体的には」という言葉を入れてあります。これは、これらの疑問文が抽象的で包括的なメインクエスチョンを、個別具体的であり、また実際のデータや資料の分析にとって相応しいサブクエスチョンに落とし込んでいくための問いかけであることを強調しておくために他なりません。このような「問いに対する問いかけ」には、サブクエスチョンを導き出す際の手がかりになる問いであるという意味で「サブ・サブクエスチョン」と呼ぶことが出来るでしょう。

ここで注意しておきたいのは、これらのサブ・サブクエスチョンそれ自体は、リサーチ・クエスチョンというわけではない、という点です。なぜならば、これらの「問いに対する問いかけ」は、調査全体の方向性を示す羅針盤のような役割を果たしているわけではないからです。むしろ、タイプⅣのリサーチ・クエスチョンの根拠をより明確なものにしていく上で補助的な役割を果たす、いわば「黒衣《くろご》」としての問いかけだと言えます。

したがって、表4－1（一六八ページ）にも示したように、タイプⅣのサブクエスチョンの場合には、例えば、ワーキングペーパーや中間報告書などに盛り込まれることもあるでしょうが、サブ・サブクエスチョンの方は、実際に図5－4の吹き出しの中に書き込まれた文章のような形で明文化されている例はむしろ稀であるかも知れません。

というのも、たとえ調査の途中経過であっても、それを何らかの読者を想定した文章として表現する際には、そのようないわば「枝葉」の部分の多くは切り落としておく必要があるからです。そうやって枝葉は削《そ》ぎ落とした上で、幹および特に太い枝の部分、つまり調査研究の骨格になるような（タイプⅣの）サブクエスチョンだけを残しておくことによって、自分以外の読者にも読んでもらえ、また批評してもらえる中間報告が出来上がることになるのです。

コラム　「枝葉」を記録に残しておくことも大切

図5－4に挙げたような「問いに対する問いかけ」は、調査者や論文の著者自身によって明確に意識化されているとは言い難い面もあります。実際、第3章でも述べたように、タイプⅣのサブクエスチョンの場合でも、明文化されているどころか

仮説（命題）の中に暗黙のうちに前提とされて「埋もれて」いる例の方がむしろ多いとさえ言えるのです。

しかし、目につきにくいとは言え、サブ・サブクエスチョンの多くは、対象や視点の絞り込みの過程において――まさに舞台における黒衣がそうであるように――重要な役割を果たしています。その点を考慮してみれば、何らかの形でそれを記録に残しておくことには大きな意味があると思われます。実際に記録する際には調査日誌などにメモ書きのような形で書いておくといいかも知れません。

また、各論的な問いを設定していく際の作業としては、従来、次のような手続きが推奨されてきました。[18]

・調査項目ないしサブクエスチョンを書き出した一覧表を作成する
・個々のリサーチ・クエスチョンをそれぞれ一枚のカードに書き込んだ上で、「KJ法[19]」的なやり方で相互の関係について整理してみる
・調査課題をカードに書き込み、既にデータの収集や分析があらかた終わって課題と未着手ないし未完了の課題が区別できるようにする

いずれにせよ、右で述べたようなリストや記録があることによって、調査における試行錯誤のプロセスやその作業の際の思考過程を後で振り返ることが出来るよう

になります。また、途中で行き詰まった時などに解決のカギを見いだすことも可能になるでしょう。さらに、それらの記録は最終的に論文をまとめていく際に重要な手がかりを提供することもあると思われます。[20]

†タイプⅡとⅣの問いをタイプⅠとⅢのリサーチ・クエスチョンに集約していく

実は、右でサブ・サブクエスチョンについて指摘したのと同じようなことは、サブクエスチョンについても指摘できます。実際、これらのサブクエスチョンの多くは、あくまでも調査研究の途中経過で作成されるタイプⅣの問い（＝経緯としてのリサーチ・クエスチョン）なのであり、最終的に発表される報告書や論文の上にそのままの形で文章として明示されることは稀であるかも知れないのです。

例えば、図5－3に挙げた幾つかの問いは、最終的に発表される論文という「表舞台」の上では、次のような形に集約されて表現されるかも知れません。

○なぜ、一部の研究者は従来の研究動向とは異なる野心的で不確実性の高い研究戦略を採用することになるのか？
・研究戦略の選択に際して研究者の自己効力感はどのような影響を及ぼしているか？

・研究戦略の選択に際して論文の発表によって与えられる経済的報酬はどのような影響を及ぼしているか?
・研究戦略の選択に際して、大学ランキングなど所属校に対する対外的評価に対する研究者の貢献ないし責任の帰属に関する配慮はどのような影響を及ぼしているか?

なお、右の作例では、タイプⅠのメインクエスチョンが一つ、タイプⅢのサブクエスチョンについては三つの問いが挙げられています。もっとも、第1章で指摘したように、実際の論文では、このようなサブクエスチョンは文章の形では明示されずに、むしろ仮説命題の中にいわば暗黙の前提として「埋もれて」しまっている例が少なくありません。

また、右の作例では図5-2に挙げた四つの問いは一切取り上げられていません。というのも、このような対象の絞り込みに関連する問いの内容は、論文や報告書などでは、通常、「サンプル」ないし調査対象となった「事例」の選定方針に関する解説の部分に織り込まれているからです。当然、この場合も、いわば暗黙のリサーチ・クエスチョンは、疑問文ではなく平叙文の形で表現されることになります。

対象と視点の絞り込みを通してリサーチ・クエスチョンを実行可能なレベルにまで落と

し込んでいくアプローチは、「少しの事柄について多くのことを語る」ことを目指す調査研究の場合は紛れもなく堅実な作業の進め方だと言えます。実際、それによって、「問題意識」などと呼ばれる漠然とした関心や興味を具体的な研究の舞台、つまり、明確な問いを設定し、またそれに対する確実な答えを求めていくことを目指す実証研究の土俵の上に乗せていくことが出来るようになります。

もっとも、ある程度明確な答えが期待できる「小さな問い」のレベルにとどまっている限り、ともすれば、その小さな問いと「大きな問い」つまり総論的な問いとの関係が見失われてしまうことがあります。本書の最終章である次の第6章では、〈焦点を絞ったリサーチ・クエスチョンを中心とする調査を通して得られる情報が、より大きな問題設定との関係において持つ意味〉について確認する作業を進めていくための基本的な考え方について解説していきます。

第6章　枠を超えていく――もう一歩先へ進んでいくためには？

1　総論と問題関心への回帰――木を見て森を見る、森を見て木を見る

†「問題意識」から調査項目まで

前章の後半では、対象と視点という二つの軸を中心とする絞り込みを通して、包括的なリサーチ・クエスチョンをデータや資料によって比較的明確な答えが求められるサブクエスチョンにまで落とし込んでいく作業の手順について解説しました。その手続きを経て、メインクエスチョンという「大きな問い」は一連のより「小さな問い」へと分割されていきます。また、それらのサブクエスチョンは、調査対象となる事例の範囲を限定して明確

図6-1　問題関心から調査項目へ

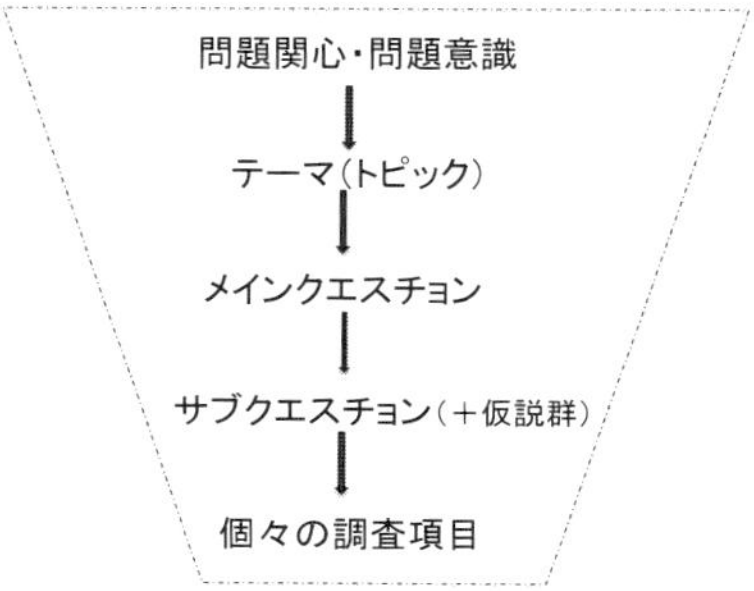

にし、また、抽象的で一般的な用語で表現されることが多いメインクエスチョンを具体的な言葉を使って言い換えた問いである場合が少なくありません。[1]

図6-1は、それらの作業の前後に位置する手順まで含めて、実際の調査における一連の手続きを、（あえて）「ステップ・バイ・ステップ」式のリニアな流れとして図解してみたものです。

この図に示したように、調査研究のきっかけ自体は、何らかの社会現象に関する「**問題関心**」ないし問題意識などと呼ばれる、やや漠然とした関心や興味である場合も多いでしょう。[2] 実際に調査研究をおこなっていく上での最初の「とっかかり」ということであれば、その問題関心を端的に表現する**テーマ**（**トピック**）を幾つかの名詞を組み合わせた形で書き出してみるだけでも、とりあえず手がかりらしきものは得られます。

しかし、調査の方向性がより明確なものになっていくのは、何といっても、問題関心を疑問文形式のリサーチ・クエスチョンとして表現することが出来た時です。さらに、その包括的な問いである**メインクエスチョン**を、対象と視点を絞り込んでいく手順によって**サ**

ブクエスチョン――定量的な調査などの場合には、それに加えて仮説群――のレベルにまで落とし込んでいくことが出来れば、問いだけでなく最終的な答えについてもある程度の見通しがつけられます。

次の段階で必要になってくるのは、それらのサブクエスチョンを具体的な**調査項目**の形に「翻訳」していく作業です。例えば、インタビューが中心となる調査の場合には、聞き取りを通して新たな情報を得たり事実確認をしようと思っている具体的な項目を決めておきます。質問表調査であれば、質問表に盛り込む個々の設問の内容や言い回し、あるいは複数の設問の順番などを確定していくことになります。なお、それらの作業の際には、単に個々の調査項目をリストアップするだけでなく、それぞれの項目に関する情報を収集して分析する際の具体的な手順についても明確にしておく必要があることは言うまでもありません。

†設計図としての「リサーチ・デザイン」

そして、以上の一連の作業を経て、次のような点が確定していくことになります。

どのような社会現象を対象にして、いかなる目的のために、どのような**リサーチ・クエ**

スチョンを中心的な問いとして設定した上で、特にどのような事例を調査対象として取り上げ、また、それらの事例の特にどの側面に着目しながら、誰がどれだけの時間をかけて、いつどこで、いかなる方法を採用してどのような種類のデータや資料を収集し、それらをいかなる手法で分析することによって、何をどこまで明らかにしていくか？

「リサーチ・デザイン」というのは、右に挙げた、調査研究全体の骨組みを構成する幾つかのポイントを明確にしていくための作業に他なりません。[3] リサーチ・クエスチョンは、その調査研究の基本構想ないし「設計図」とも言えるリサーチ・デザインの中で最も重要な役割を果たすことになります。

†一連の作業が「うまく回り始める」時

とは言うものの、第4章で強調したように、実際には必ずしも図6－1のような形で作業が順調に進むわけではありません。むしろ、試行錯誤の過程が含まれている場合が少なくないのです。また、**調査の設計図にあたるはずのリサーチ・デザインが実は後付け的に作成されること**も稀ではありません。特にリサーチ・クエスチョンに関しては、最終的に論文を書きあげていく作業を通してはじめて明確なものになる場合さえ珍しくはないのです。

また、とりあえず最初の段階のデータ収集と分析が済んだとしても、その後でサブクエスチョンを設定し直さなければならないケースもあります。それどころか、基本的なリサーチ・クエスチョンも含めて大幅な「仕切り直し」が必要になる場合もあります。しかし、たとえそのような場合であっても、この図で言えば一番下の段階まで何とか漕《こ》ぎ着くことが出来れば、その後の調査の見通しはかなり明るいものになってきます。

実際、具体的な調査項目に関して、データの収集と分析の手順まで含めて一応の目処《めど》が立ってくると、調査は次第に軌道に乗ってきて一連の作業の流れが滞りなく進むようになるものです。特にそれまで調査の進捗が滞っていた場合などは、一連の作業が順調に回り始めた時には「突破口を開くことができた」ように思えてきます。

†パズルのピースが次々に埋まっていく

例えば、インタビューが中心になっている調査で言えば、テーマやトピックの候補を幾つか上げてみるだけでは、何から手をつけていけば良いのかさえ見当がつかないことも珍しくありません。しかし、事前の資料調査や試行的な聞き取りの作業を通してインタビューを通して確認すべき項目が確認できた頃には、リサーチ・クエスチョンが次第に明確になってきます。

また、それらの作業を通じて「知り合いの輪」が広がっていくことも少なくありません。そうなると、次に聞き取りをおこなうべき人たちの目安もついてきます。うまくいけば、それらの人々とのアポイントメントも比較的順調にとれるようになります。また、ある人の証言だけではよく分からなかった点が、他の人の証言から入手できた情報によって明らかになったりもします。さらに個々のインタビューやその他の資料から得られた情報だけでなく複数の情報同士の関係も徐々に見えてくるようになります。

つまり、ジグソーパズルのピースが埋まっていくように、それまで集めた資料や情報の位置づけが明らかになってくるのです。そうなってくれば、ある意味では「ゴールは目の前」、つまり、論文や報告書の完成までは後《あと》ほんの数歩、という段階まで来たと思える場合が少なくありません。特に、データの収集や分析の作業と並行して、論文のひな形になるようなワーキングペーパーや中間報告書などを書くことを心がけていたような場合などは、論文の執筆が比較的スムーズに進んでいくことも多いでしょう。

†少しの事柄について多くのことを語る

初めて社会調査をおこなってその結果を卒業論文などにまとめる場合、当面の重要な目標の一つは、図6-1のような形で複数のサブクエスチョンを含むリサーチ・クエスチョンを整理した上で調査項目を確定していくことです。
実際、よく言われることなのですが、（改めて調べてみるだけの価値がある）研究上の問いを整理して構造化する作業というのは最も難しくて、しかも時間がかかるプロセスであることが多いのです。[4] これに関しては、「リサーチ・クエスチョンが明確にできた段階で、調査は八割ないし九割方《がた》終わったようなものだ」と言われることすらあります。研究対象によっては、この段階に至るまでにかなりの時間——場合によっては一年前後ないしそれ以上——がかかることも稀ではありません。

いずれにせよ、そのような段階をクリアすることによって調査に関連する一連の作業がうまく回りだし、「少しの事柄について多くのことを語る」ことが達成できれば、初めての調査研究としては十分過ぎるほどの充実した成果だと言えます。卒業研究などでは、多くの事柄について「広く浅く」調べたことを論文としてまとめるよりは、むしろ焦点を絞った調査対象で得られた確かなデータや資料の裏付けにもとづいて、自信を持って語ることが出来る範囲の内容について書き留めていくことを目指すべきだと言えるでしょう。

特に、学生の場合は、事情が許せば一定の期間は調査に専念することも出来るので、特定の出来事や事例に関しては、ある意味では当事者の人々以上の「事情通」になれる場合もあります。また、碁については「岡目八目」と言うことがありますが、当事者ともまた完全な局外者とも異なる、いわば「第三の視点」から社会現象について検討を加えることが出来るかも知れません。そのような意味では、卒業論文などの場合には、特定の現象や出来事に関する密度の高い情報を報告することそれ自体が重要な意味を持つ例が多いと言えるでしょう。

†data rich but theory poor（理論的な詰めが甘い）と言われないようにするためには

もっとも、修士論文や博士論文あるいは学術ジャーナルへの投稿を想定している論文などの場合は、話は違ってきます。実際、特定の研究対象について詳しく解説した論文に対しては、次のような「ダメ出し」をされることがあります。

「なるほど、その事例については詳しく調べてあるし、良く分かった。しかし、その事例の話は最初の問題関心とはどう関係してくるのかな?」

「現場の事情にはかなり精通しているようだけど、『行った、見た、書いた』式の見聞録みたいになっていない?」

「『木を見て森を見ず』になっていない? 一般論とか先行研究とはどうつながってくるんだろう?」

右のようなコメントで指摘されているのは、〈特定の研究対象ないし事例については詳しい情報が提供されているが、その半面で、その事例と（包括的な）リサーチ・クエスチョンとの関係が稀薄になっている〉という点です。そのような状態を端的に言い表す言葉に、"data rich but theory poor"というものがあります。つまり、「充実したデータや現場証言に裏付けられていて示唆に富むが、理論面での詰めが甘い」というわけです。

第5章では、リサーチ・クエスチョンに対する答えを求める作業を「実行可能」なものにするためには、〈現実的な制約条件と本質的な制約の両方を見据えた上で対象や視点を絞り込んでいく必要がある〉という点について強調しました。図5−2（二一二ページ）や図5−3（二一五ページ）あるいは先に挙げた図6−1が漏斗状の形の線で囲ってあるのも、その実行可能性を実現する上で不可欠となる絞り込みの手続きを模式的に示すために他なりません。（なお、図6−1は実線ではなく点線で囲ってあります。これは、図6−1の作業の多くが、論文上には現れない「舞台裏の仕事」としておこなわれるものであるからに他なりません。つまり、この図で言うリサーチ・クエスチョンとサブクエスチョンには、タイプⅠからタイプⅣまでの全ての問いが含まれることになるのです。この点が後で挙げる図6−2（二四一ページ）との大きな違いなのですが、これについては改めて解説します。）

†「尻切れとんぼ」になってしまうことを避けて、大局観の中に位置づける

これまで繰り返して強調してきたように、対象と視点という二つの面からの絞り込みを通して包括的なリサーチ・クエスチョンを個別具体的な問いに落とし込んでいく作業は、実証研究を元にした論文や報告書をまとめていく上でも非常に重要なポイントになります。しかし、そのような「少しの事柄について多くのことを語る」ための手続きは、ともすれば、その「少しの事柄」がより大きな問題との関連で持つ意味について見落としてしまうことにつながってしまう場合があります。

実際、例えば卒業論文や修士論文では、提出の締め切り直前になっても、まだ結論や考察の部分が一ページ程度あるいはそれ以下の分量にしかなっていない例が少なくありません。つまり、その部分が取って付けたような感じの内容になってしまっているのです。

論文がこのように「尻切れとんぼ」になってしまう主な原因としては、時間切れないし「息切れ」が挙げられます。先に述べたように、リサーチ・クエスチョンを定式化したりさらにそれを具体的な調査項目に「翻訳」していくだけでもかなりの時間がかかる場合が少なくありません。その作業と並行してデータの収集と分析をおこなっていたとしても、データの分析や解釈にほとんどの時間を取られてしまうこともよくあります。そのために、

〈集計結果や分析を通して明らかになった事実や情報が当初の問題関心にとってどのような意味を持つか〉という点について、改めて考えてみる作業にまで手が回らなくなってしまうのです。

また、調査が比較的順調に進み「うまく回る」ことそれ自体は好ましいことなのですが、そのために視野が狭まって「大局観」が失われてしまう場合もあります。たしかに、個々の事例に関する詳しい事情が次第に明らかになっていくというのは、パズルのピースが次々に埋まっていくような面白さがあり、またある種の快感をもたらす体験ではあります。しかし、その作業に夢中になってのめりこんでいると問題の全体像が見えなくなってしまうことがよくあるのです。ジグソーパズルで言えば、パズルの一区画は着実に埋まっていく一方で、全体の絵柄の中におけるその区画の位置づけを見落としてしまっている、という状態に喩えることが出来るでしょう。

ここで必要になってくるのは、「最終的な分析結果が当初の問題関心にとってどのような意味を持っているか？」という点について、もう一度文献を読み直してみたり調査プロセス全体を振り返ってみたりして改めて考えてみる、という手続きです（理想的には、論文の締め切り間際ではなく、調査の途中段階でも時々そのような作業を心がけておくと良いでしょう）。つまり、いったんシャープに絞り込んだ分析のレンズを今度は逆に広げていって、検討対象になった特定の事例の情報がより大きな問題設定の文脈の中で占める位置づけや意味について確認していく必要があるのです。

2 「事例について知る」から「事例を通して知る」へ

†ワイングラス構造

右のような点について考えていく上で重要な手がかりになると思われるのが、次の図6－2です。

これは、序章で紹介したIMRADという、実証系の論文の標準的な構成を端的に示すものとして提案されてきた「ワイングラス・モデル」や「砂時計モデル」などと呼ばれる図です。ワイングラスというのは、取りも直さず、全体として、論文の主要部分が、上下に配置された二つの台形に挟まれた構成の図解として表現されているからに他なりません。[6]

上の台形、Introduction（序論）は、下側の底辺が短くなっており漏斗《ろうと》のような形をしています。このセクションでは、一般的な問題関心や先行研究の情報を踏まえた上で、論文を取り上げるリサーチ・クエスチョンや特定の事例の位置づけを明らかにします。本書

図6-2　IMRADのワイングラス構造[5]

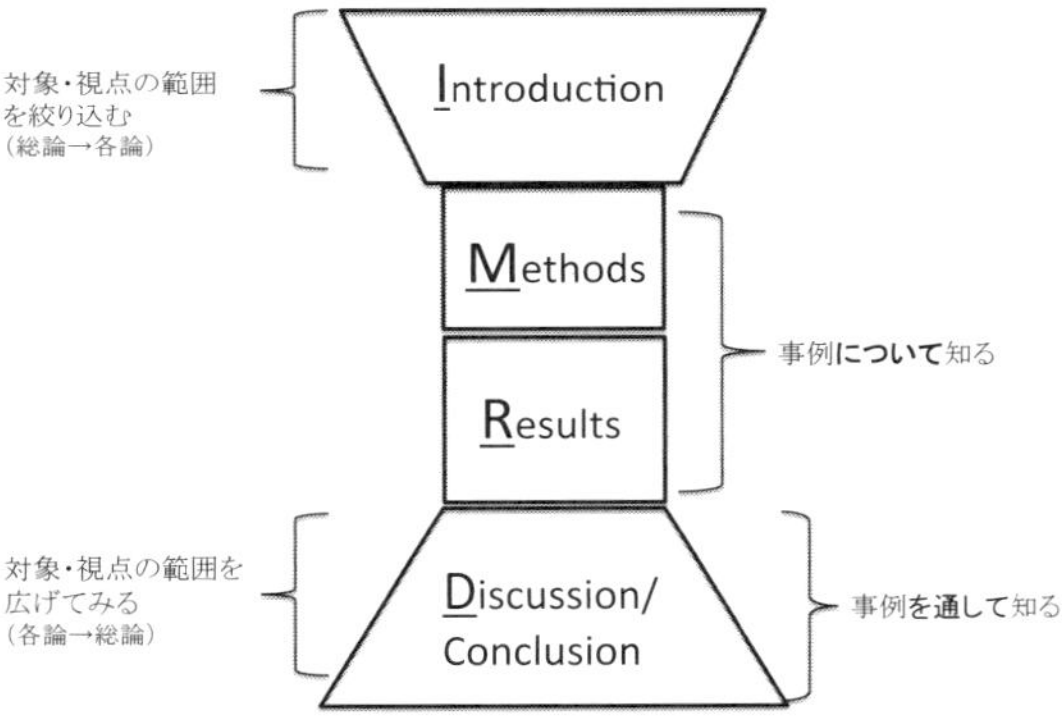

でも何度か解説してきたように、その際には、対象と視点という二つの角度からの絞り込みがおこなわれる例が少なくありません。[7]

　一方で下の台形の場合は、逆に下側の底辺の方が長くなっています。この「末広がり」の形は、Discussion（考察）のセクションでは、〈論文で取りあげた研究対象について調べてみて明らかになった事実が、より一般的なリサーチ・クエスチョンや研究の流れにとってどのような意味や意義を持つか〉という点について解説することを示しています。つまり、〈特定の研究対象から得られた情報をより広い範囲の対象にあてはまる情報として一般化してみた場合に何が言えるのか〉という点について示しているのです。言葉を換えて言えば、このセクションでは、一度各論のレベルに絞り込んで検討したことによって判明した情報を、今度は総論に「戻して」やって、その位置づけについて確認することになります。(なお先に述べたように、図6-1の場合には全てのタイプのリサーチ・クエスチョンが含まれます。それに対して、図6-2の上部の台形には、タイプⅠとタイプⅢのリサーチ・クエスチョンだけが含まれることになります。つまり、図6-2はあくまでも、完成形としての論文の構成、つまり論文という「表舞台」の姿を示しているのです。)

†事例について知る、事例を通して知る

ここで図6-2から改めて確認できるのは、調査研究には、本来、「**事例について知ること**」と「**事例を通して知ること**」の両方の要素が含まれている、という事実です。つまり、調査研究には、次のような二つの目的があるのです。

①直接の調査対象になった特定の事例について理解する——事例**について**知る
②その事例に関する検討結果を踏まえてより一般的な事柄について理解する——事例を**通して**知る

例えば、前章で取り上げた、研究者たちが採用する研究と論文刊行に関わる戦略についい

ての調査に関連して、日本の経営学系の若手および中堅層の研究者一〇〇名程度を事例として選択したとします。その場合、必ずしもその約一〇〇名の研究者の意思決定や実際の行動について知ることが最終的な目的であるとは限らないでしょう。

そうではなくて、むしろ、若手・中堅層の事例を通して、より広い範囲のその層の経営学系の研究者、ひいては、他の年齢層も含む日本全体の（社会科学系の）研究者一般が採用する研究戦略と実際の行動パターンについて知ることを目指していることが多いと思われます。あるいはまた、その日本の研究者という事例に関する分析を通して、研究者が採用する研究戦略や学術的知識の革新について、さらに一般的なアイデアを得ることが最終的な目標になっている場合があるかも知れません。

このような、論文上で提供される事例に関する情報が果たす二つの役割を、図6－2のIMRADの図解に重ね合わせた形で示すと次ページの図6－3のようになるでしょう。

先に述べたことの繰り返しになりますが、この図に示したように、IMRAD構造の論文の最初の部分では、当初の問題関心に関する一般論を前提とした上で実際の調査対象になる特定の事例を絞り込むことが想定されています。続くセクションでは、採用した調査技法を解説し、また事例として選択された調査対象について明らかになった情報が示されます。最後のセクションでは、その特定の事例に関する情報を通して一般論としてはどのよ

図6-3　事例について知る、事例を通して知る

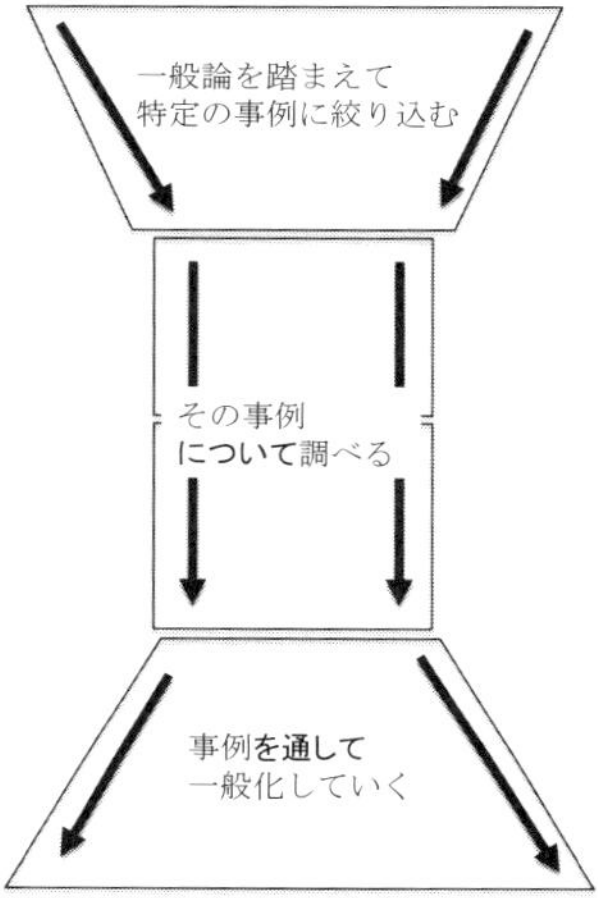

うなことが言えるのか、という点が述べられていきます。

単一事例研究の前提となる比較事例の視点

　もちろん、中には、特定の事例に関わる事実について明らかにすることそれ自体が主な目的になっている調査研究もあるでしょう。実際、それだけでも実態調査ないし実情調査として大きな意味を持つことはあります。ただし、たとえその場合であっても、例えば「日本の経営学系の若手・中堅層の研究者が採用する研究戦略と行動には（他には見られない）『独特の』特徴がある」と主張するためには、本来は、何らかの形でそれを他の事例――他の分野の研究者や他の国の研究者などの研究戦略――と比較してみることが必要なはずです。

　つまり、当面の目的は、特定の事例についてその事実関係を明らかにすることにあったとしても、その事例に関する情報は他の事例との比較が何らかの形で前提とされている場合が少なくないのです。また逆に、特定の事例について明らかになった事実は、その事実

を通して他の事例に関する、より深いレベルでの理解に結びついていくこともあるはずです。

要するに、形式的には単一の事例に関する調査研究の場合ではあっても、実際には何らかの形で比較事例研究としての一面を持っていると言うことが出来るのです。

コラム　全ての統計的調査は事例研究

本章における「事例」という言葉の使い方に関して違和感を覚える読者も多いのではないでしょうか？

というのも、前章と本章で取り上げた研究戦略に関する調査については、質問表による統計データの収集・分析による調査を想定しているからです。一方、一般的な通念としては、事例研究は統計的研究とは対照的な性格を持つ調査法であるとされることが少なくありません。また、調査法に関する解説の中にも、「統計的研究対 事例研究」という二項対立的な図式による解説が（未だに）見られることがあります。その種の解説によれば、統計的手法による研究は一般法則の解明や全体的なパターンに関する、偏りの無い（少ない）正確な記述と分析に適しているのに対して、事例研究の主な目的は個々の事例の特徴や特殊性の理解にある、とされています。

ですので、もし、それら二つのアプローチが本当に「水と油」のような関係にあるのだとしたら、本章で述べている「事例について知る」ことと「事例を通して知る」ことのあいだの関係は、少なくとも統計的研究については成立しないはずだ、という風に思えてくるかも知れません。

しかし、これは、統計的研究と事例研究の違いに関する根強い固定観念にもとづく明らかな誤解です。実際には、統計的な手法による調査を含めて**社会科学系のほとんど全ての調査研究は本質的に事例研究としての性格を持っている**のです。というのも、どのような調査研究であっても本質的に、特定の時点における特定の地域に存在ないし居住する特定の組織・集団、あるいは個人について収集された情報に関する研究としての性格を持たざるを得ないからです。つまり、そのように〈時間的・空間的な限定のある特定の対象から得られる情報をもとにしている〉という意味では、あらゆる統計的調査には事例研究としての性格があると言えるのです。[8]

実際、ほとんど全ての調査研究では、何らかの点で図5-2（二一二ページ）のような形で調査対象を絞り込んだ上でデータや資料の収集をおこなっているはずです。たしかに、悉皆《しっかい》調査ないし「センサス」などと呼ばれる全数調査がおこなわれることもあります。しかし、その場合でも、それによって得られるデータは、特定の場所の特定の時点における社会的現実を反映するものでしかありません。したがって、調査データから得られた情報がその「特定の時空間」という範囲を超えて、将来にわたっても妥当性を持つという保証は特にないのです。その意味では、ほとんど全ての統計的な調査には「統計的事例研究」ないし「定量的事例研究」としての性格があると言えるのです。

3　さらに次のステージへ——対象と視点の範囲を広げていく

†「拡張型サブクエスチョン」による問いの再構築[9]

前章と本章では、調査研究においてサブクエスチョンが果たすさまざまな役割の中でも、特に「絞り込み」という機能について扱ってきました。つまり、包括的で抽象的なリサーチ・クエスチョンを実証研究にとってより相応しい具体的なレベルの問いとして絞り込んでいく上で果たす役割に着目してきたのです。

一方、サブクエスチョンの中には、むしろ調査研究で扱う対象や分析の視点を「拡張」していくことによって（包括的な）リサーチ・クエスチョンそれ自体を改訂ないし再構築していくための重要な手がかりになる問いも存在します。これまで解説してきたサブクエスチョンを「**絞り込み型**」と呼ぶとするならば、そのような、リサーチ・クエスチョンの根本的な改訂に結びつく可能性を持つサブクエスチョンは「**拡張型**」と名付けることが出来るでしょう。[10]

例えば、調査研究の対象として当初想定していた何人かの事例について検討を進めていく作業を通じて、初期段階では想定していなかった事実がセレンディピティ的な情報として浮かび上がってくるようなこともあるでしょう。その場合は、包括的なリサーチ・クエスチョンに対して変更を加えるとともに、当初の想定とは異なる特徴を持つ人々を新たに事例として取り上げることによって、それまでとは全く異なる斬新な視点から分析をおこなう必要が出てくるかも知れません。そのような場合は、サブクエスチョンとして考慮に入れるべき一連の要因や調査項目も当初の構想とはかなり違ったものになってくるでしょう。

絞り込み型のサブクエスチョンの場合と同じように、拡張型のサブクエスチョンを作成していく際の基本的な軸に関しても、対象と視点の二つに大別できます。

†対象の拡張——目的志向型サンプリングによって事例の範囲を広げていく

調査対象となる事例を追加することによってリサーチ・クエスチョンを改訂していく際に採用される手続きの中で最も順当なものの一つは、〈最初に取り上げた対象とは幾つかの点で明らかに異なる属性を持つ事例を選び出して比較する〉というアプローチでしょう。

例えば、本章で取り上げてきた作例で言えば、若手・中堅層以外の研究者を新たに事例として取り上げてみる、ということも考えられます。また、異なる分野の研究者を取り上げてみてもいいでしょう。そのような場合のサブクエスチョンは、例えば、「経済学系の若手・中堅層の研究者の研究戦略と、経営学系の若手・中堅層の研究戦略とのあいだにはどのような違いがあるか？ 違いがあるとしたら、それはなぜか？」というものになるかも知れません。

そして、そのように新たな事例を含むサブクエスチョンを中心とする比較分析をおこなう際には、リサーチ・クエスチョン自体が新たな要因を盛り込んだ問いとして再構築されていくこともあるでしょう。右の例で言えば、研究戦略について決める上で、当初想定されていた要因以外に、例えば、研究職への就職・昇進における国内外の学術ジャーナルの相対的な重み付けあるいは業績としての研究書の位置付けなどが重要な意味を持つということが考えられたとします。その場合は、それらの点に関して経営学分野とは対照的な特徴を持つと思われる分野の研究者を意図的に選択していくことが考えられます。

当然ですが、事例を追加していく際に、単に事例の数を増やしたりより多様な属性を持つ事例が調査対象に含まれるようにするだけでは、調査研究を通して得られる情報はかなり限られたものになります。事例の拡張を通して得られる情報を充実させていくためには、何らかの明確な根拠にもとづいて事例を選択していく必要があります。

そのような、意図的かつ戦略的な事例選択法の方針の一つとしてよく知られているものに「逸脱事例」への注目というものがあります。これは、一定数の事例の分析から判明したパターンから見れば例外的な特徴を示す事例に焦点をあてる、というアプローチです。また、「反証事例」、つまり仮説とは明らかに矛盾する性格を持つと思われる事例を積極的に探し出すというアプローチもあります。いずれの場合も、第5章で解説した**目的志向型サンプリング**と呼ばれる戦略的な事例選択法によって、リサーチ・クエスチョンやそれに対する答えを深く掘り下げていったり、その問いをより広い問題領域の中に位置づけたりすることが期待できます。[11]

†視点の拡張——新たな概念を組み入れて視野を広げていく

目的志向型サンプリングの発想を採用して逸脱事例や反証事例などを積極的に取り上げていくような作業は、多くの場合、当初の時点で分析対象にしていた事例では特に重要であるとは思われていなかった要因や変数に注目してそれを掘り起こしていく作業をともなうことになります。

例えば、右に挙げた研究例について言えば、調査研究の成果をまとめた論文を提出した後の段階で次のような展開があったとします。

質問表調査の結果からは、経営学系の研究者の中でも飛び抜けて野心的な研究戦略を採用していると思われる若手の研究者が数名含まれていることが判明していた。その数名を逸脱事例と考えて、より深く掘り下げて検討するために、比較的長時間に及ぶインタビューをそれぞれ数回にわたっておこなってみた。その結果浮かび上がってきたのは、それらの人々の場合は、(米国系ではなく)欧州の研究者、とりわけ先進的な研究戦略を積極的に採用していながらも、米欧系の実証研究にも通じており、しかも平明な文章表現が出来る中堅層の研究者との交流が重要な意味を持っている、という点である。また、それら日本在籍の研究者たち自身のあいだでもかなり緊密な人間関係が形成されており学術的なアイデアに関して頻繁な交流があることや、米欧系の研究にしばしば見られる素朴で無自覚・無反省なエスノセントリズム（自文化中心主義）的な傾向に対して批判的である点も確認できた。

以上の調査結果を踏まえて改めて文献レビューをおこなってみたところ、「見えざる大学（invisible college）」および「社会関係資本（social capital）」という二つの概念が、研究者間の人的つながりないし「人脈資産」とでも呼ぶべき問題について明らかにしていく上で有効であるという可能性が浮かび上がってきた。（「見えざる大学」……特定の見解を共有するだけでなく実際に共同研究を実施することも多い研究者たちが形成する比較的小規模な社会的ネットワーク。「社会関係資本」……人々のあいだに形成される信頼関係や相互扶助的な関係性にもとづく社会的な絆、あるいはそれによって生み出される豊かな社会的価値[12]）。

このような追加的調査の結果を踏まえた上で新たな調査プロジェクトを立ち上げる場合には、当然、「見えざる大学」と「社会関係資本」を重要な要因（変数）として含むリサーチ・クエスチョンを構築していくことになるでしょう。その際には、それらの概念に関連する幾つかのサブクエスチョンを設定していく必要があります。[13]

このように新しい概念を分析枠組みの中に取り入れていく場合は、視点を絞り込むというよりは、むしろ逆により多くの要因を取り込むことによって分析の視野が拡大していくことになるでしょう。また、それによって、分析枠組みの適用範囲が広がったり、リサーチ・クエスチョン自体をより広い問題領域の中に位置づけていったりすることも出来るようになります。

†「サーチライト」としての理論と概念

以上のような、視点を拡張する方向でのサブクエスチョンとリサーチ・クエスチョンの設定という点に関連して注目しておきたいのは、概念や理論が持つサーチライトとしての機能です。

前章で解説したように、概念が持つスポットライトとしての機能は、分析の焦点を絞って特定の側面に目を向けさせ、それ以外の部分は見えない（ないし「（あえて）見ない」）ようにしてくれます。それに対して、ある種の概念を導入することによって、既存の概念ではとらえ切れなかった側面を浮き彫りにしていくことが出来るようになる場合があります。これは、サーチライトの照射角度や照射範囲を変えることによって、それまで暗闇に隠れて見えていなかった場所や物あるいは人物が照らし出されていくことに喩えられるでしょう。

つまり、サーチライトとしての概念には、それまで見えていなかった（あるいは、見ているようで実は見ていなかった）側面を浮かびあがらせてくれる機能があるのです。[14]

先に挙げた「社会関係資本」と「見えざる大学」は、両方とも過去数十年にわたって使われてきた、いわば古典的な概念です。また、これまで実際にさまざまな研究テーマとの関連で取り上げられてきました。その意味では、特に新奇性があるわけではない定番的な概念であるとも言えます。しかし、もしこれらが社会科学系の研究者がおこなう研究戦略の選択に関する調査研究では比較的斬新なアイデアだったとしたら、これら二つの概念やその背景となっている理論的枠組みは、サーチライトとしての役割を果たし得るものになるかも知れません。

コラム　スポットライトかサーチライトか？

第5章では、理論や概念が持つ役割の一つに関してスポットライトという比喩を採用しました。それに対して本章では、理論と概念が果たし得るもう一つの機能について解説するためにサーチライトという喩えを使っています。サーチライトもスポットライトも、特定の対象に対して強烈な光をあてて浮かび上がらせる一方で、他の対象や領域は暗闇の中にとどめることによって見えなくする、という点では同じような役割を果たします。

実は、従来はこのような機能については、スポットライトよりはサーチライトの喩えの方がより頻繁に使われてきました。[15] たしかに、サーチライトは、理論や概念が持つある種の機能について理解する上で役に立つ、非常に分かり易い喩えだと言えます。

もっとも、理論や概念による視点の絞り込みの喩えとしては、**サーチライトよりはむしろ「スポットライト」の方が相応しい**と考えられます。というのも、サーチライトは、闇の中で何かを探し出す（サーチする）ことを主な目的として使われるからです。またそのためには、光をあてる箇所を頻繁に移動させることになります。それに対して、スポットライトの方は、比較的長時間にわたって舞台上の特定の領域や登場人物などを浮かび上がらせる目的で使われることが少なくありません。また、スポットライトを使用する際は、他の舞台の領域の照明を落として観客の目から見えないようにします。それに対して、サーチライトは、意図的に暗くしているというわけでありません。そうではなくて、夜間で全体が見渡せない状態なので、限られた光源を使って何か（あるいは誰か）を探し出すために使われているのです。

　そのような意味でも、概念と理論による絞り込みのプロセスの比喩としてはスポットライトの方が適切だと言えます。一方「サーチライト」は、むしろ、それまで誰の目にも見えていなかった領域を探索していき、新たなリサーチ・クエスチョンを開発していくプロセスの喩えにこそ向いていると言えるでしょう。つまり、**サーチライトの比喩は、焦点を絞る作業というよりは、むしろ視点や焦点を「ずらして」理論や概念の守備範囲を拡張していく作業の喩えとしてこそ相応しいのです。**[16]

---

†次のステージを目指して

　本書では、主として、個別の調査研究で得られた分析結果を一本の論文としてまとめていくことを想定した上で、その際のポイントや注意点について扱ってきました。絞り込み型のサブクエスチョンの設定というのは、まさにそのような、論文完成に至るまでの一連の作業の中で最も重要な意味を持つ作業の一つだと言えます。

　拡張型のサブクエスチョンも、同じように、個別の調査研究の範囲内で事例や視点の範囲を広げていく上で役に立つこともあるでしょう。しかし、このタイプのサブクエスチョンは、むしろ、調査研究の成果をいったん論文としてまとめた後の時点で、新たに調査プロジェクトを立ち上げていく過程において、斬新なリサーチ・クエスチョンを構築しようとする作業の中でこそ真価を発揮するものだと言えます。

その意味では、拡張型サブクエスチョンを設定しておこなう分析については、次の二つのアプローチを区別しておく必要があると言えるでしょう。

①**個別の調査研究**における試行錯誤の一環として、サブクエスチョンの絞り込みの一方で拡張をおこなうことによって、リサーチ・クエスチョンを再構築していく

②**新たな調査プロジェクト**において、先行する調査研究で設定されたサブクエスチョンの拡張を通してリサーチ・クエスチョンを再構築する。場合によっては、新たなリサーチ・クエスチョンを構築する

右の②のアプローチは、入門書である本書での解説の範囲を明らかに超えています。ただし、①についても、拡張型サブクエスチョンによるリサーチ・クエスチョンの改訂や再構築というアプローチそれ自体は、むしろ中上級編の解説書にこそ相応しいものだと言えるかも知れません。実際、初めて調査研究をおこなう場合には、第5章までで説明してき

たような、リサーチ・クエスチョンの性格と役割について把握した上で――つまり、リサーチ・クエスチョンの「正体」を見きわめた上で――、主として絞り込みの手続きを通して実証研究をおこないその結果を論文の形で手堅くまとめることを当面の目標にするべきだと思われます。

もっとも、第3章でふれたように、「分からないこそ面白い！」と思えるような謎を見つけ出してそれをリサーチ・クエスチョンにまとめていくことは、単なるルーチンワークなどではない調査研究が持つ真の醍醐味だとも言えます。拡張型サブクエスチョンを活用したアプローチは、そのようなスリリングでエキサイティングな調査にとって――言葉を換えて言えば、調査研究の次のステージ（舞台）へと進む上で――重要な契機になり得るものだと思われます。

コラム　意外に新しいIMRADと「型」の功罪

†型の歴史

現在では、社会科学の場合も含めて、実証研究の論文に関しては、IMRADが定

図 6-4　型＝IMRAD の 50 年：1935-1985[17]

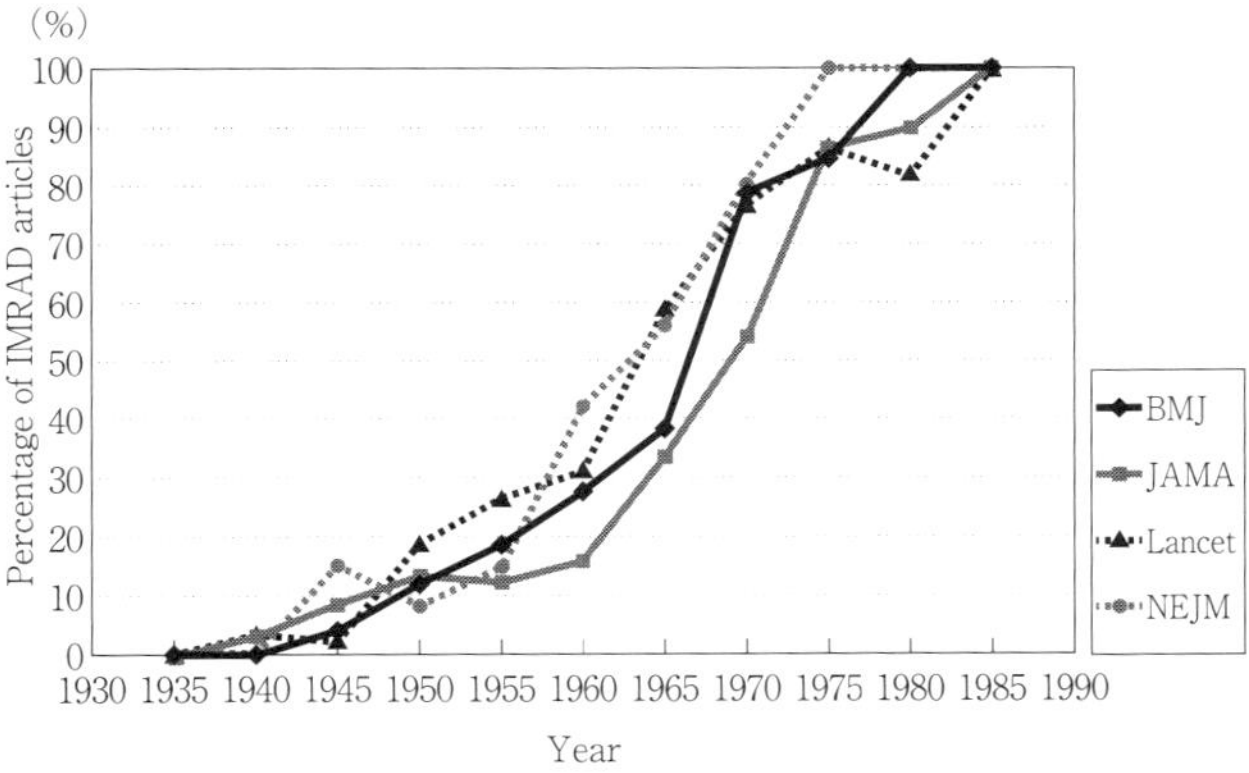

番的な構成ないし「型」として扱われる機会が増えてきました。もっとも自然科学の領域であっても、IMRAD 構造が定着したのはそれほど遠い昔のことではありません。

図6－4は、「序論、方法、結果、考察（IMRAD）構造――五〇年にわたる推移」というタイトルの論文に引用されていたグラフです。この図には、主要な医学系の学術誌四誌に掲載された論文の中で IMRAD の構成で書かれたものが各時期でどれだけの比率を占めてきたか、という点が示されています。

このグラフから見てとれるように、一九五〇年代までは、IMRAD 構造を採用している論文は四割以下でありむしろ少数派でした。その比率が急激に増えていったのは一九七〇年代に入ってからのことです。そして一九八〇年代半ばまでには、ほぼ全ての原著論文がIMRADの筋立てで書かれることになりました。「序論、方法、〜」の著者たちによれば、IMRADの普及の経緯は研究分野によってもかなりの違いがあり、例えば物理学分野では既に一九五〇年代には大半の原著論文がこのテンプレートに沿って書かれていたということです。

また著者たちは、IMRADの普及の背景には、学術情報の急拡大にともなって論文の「モジュール化」が要求されるようになったことがあると推測しています。つまり、論文全体のストーリーを順番通りに読みとっていくというよりは、とりあえず必要な情報が書かれている部分（序論や考察ないし結論のセクションなど）だけを集中的に読んでいく、というようなことが必要になってきたのです。実際そうすれば、必要な情報のみを効率よくかつ迅速に読み取ることができますし、時間と労力の節約にもなるに違いありません。

†型の呪縛？——「これはもう、正気の沙汰ではない」

もっとも、定型的な論文形式の普及による学術コミュニケーションの効率化には、他方では、そのような枠には収まりきらないほど豊かな内容を含む実証研究の知見やその情報に基づく理論構築を困難なものにしてきた、という一面もあります。特にそれは、社会科学の場合について言えるでしょう。

この点に関連して、例えば、米国における経営戦略論の大家ジェイ・バーニーは、次のように述べています。

経営戦略論の分野は私が「完全性の規範」と呼んでいるものに囚われてしまっている。この規範によれば、一本の論文で新しい理論を構築した上で、その理論から検証可能な仮説を幾つか導き出し、それらの仮説をテストするための適切なデータと方法を適用してその検証結果を報告し、さらに、その結果が持つ理論的含意について議論しなければならないのだという――しかも、それらの全てをわずか三二ページ程度の原稿の範囲内で成し遂げることが想定されているのである。**これはもう、正気の沙汰ではない（This is insane）**[18]。

たしかにバーニーが指摘するように、分量にして三二ページ前後（日本の学術誌の場合は一万二〇〇〇字から二万字程度）という厳しい制約がある中で、文献レビューの結果や調査の概要を盛り込み、さらにその調査結果から導き出される理論的な意味について明らかにしようとするのは、ほとんど不可能であることも多いでしょう。いわば離れ技だとさえ言えます。また、バーニーは、右の引用のすぐ後で、規定語数の制約からすれば、文献レビューを踏まえたリサーチ・クエスチョンに対応する仮説の根拠を示すために割り当てることが出来るのは一段落（ワン・パラグラフ）程度のスペースしか残されていない、としています。その上で、次のように指摘します――「こうなってくると、**ほとんど全ての実証系の論文には新規に開発された理論などは全く含まれていない**と言っても決して過言ではない」。

もしバーニーによる指摘が当たっているとするならば、論文の著者だけでなく、学術誌の編集委員や査読者たちも、とんでもない「無茶ぶり」の、いわば曲芸《アクロバット》のような共同作業を強いられているのだと言えるでしょう。[19] また、それは、特に社会科学のような場合について言えば、元々は自然科学の領域から移入されてきたIMRADという論文の型、ひいては学術ジャーナルという仕組みそれ自体が今や深刻な制度疲労を起こしている、ということを意味するのかも知れません。[20]

†型から入って型を抜け出る

もっとも、これはあくまでも専門的な学術ジャーナル、つまり、図3‐1（一一五ページ）で言えばA領域に限定される発表媒体についての話です。先に述べたように、本書は主な読者として、初めて論文を書こうと思っている学部学生や大学院生を想定しています。卒業論文や修士論文の場合には、それほど厳しい字数制限が課されていない場合も多いでしょう。ですので、是非この機会を利用して、さまざまな「大人の事情」によってガンジガラメに縛られた窮屈な「型」に囚われることなく、むしろ必要なだけの分量の文章で思う存分リサーチ・クエスチョンに対する答えを追究してみることを推奨したいと思います。

ただし、これは決して、型を全く無視して無手勝流のやり方で調査をおこなっても良い、また、不必要な記述を満載した冗長な論文を書いても一向に構わない、ということではありません。主な読者である教員のためにも、論文を作成する際には出来るだけ簡潔な表現を心がけるようにしたいものです。

また、「型に入って型を出る」という言葉があります。型に囚われない自由な発想で調査研究を進め、またそれを論文としてまとめていくためには、その前段階として、まずは定番的な作法にしたがって作業を進めていく必要があるでしょう。実際、特定の読者を想定しながらIMRAD的な型を念頭に置いて一連の作業を進めていくことは、論文というものが学術コミュニケーションのための媒体であるという点を再認識する上でも有効なアプローチになるはずなのです。

おわりに

「科学論文としての体裁、つまり問題、方法、結果、考察といった体裁をとっていなければなりません」

四〇年ほど前のことです。アマチュア・ジャズバンドに関するフィールドワークの結果をまとめて、ある心理学系の学会誌に投稿したことがあります（当時のわたしは実質上の任期がある助手でした）。審査の結果は、「不採択」というものでした。右に挙げたのは、その審査プロセスに若干の疑問を感じたこともあって、学会誌の編集委員会宛てに問い合わせをした際に、当時編集委員長をされていた方からいただいた返信の一部です。この一節は、ある意味で、その後わたしがさまざまな形でおこなってきた調査方法論をめぐる模索の原点になったと言えます。

編集委員長から頂戴した返信では、わたしが投稿した原稿の問題点について非常に詳細かつ懇切丁寧に指摘していただいており、全体として得心がいくものでした。しかし、右の一節については納得できないところもありました。というのも、当時おこなっていた参与観察型のフィールドワークの結果が「科学論文としての体裁」ないし通常の学術論文の「型」の枠の中に首尾良く収まるとはどうしても思えなかったからです。

後から考えてみれば、その学会誌の基本的な性格や掲載されてきた論文の典型的な形式などからしても、そもそもわたしの投稿原稿は「場違い」なものでした。その意味では明らかな判断ミスであり、結果として、編集委員長や査読者をはじめとする関係者の方々にご迷惑をおかけすることになってしまったと言えます。

もっとも、それらの点を考慮に入れたとしても、次のような疑問がわたしの頭から離れることはなかったのでした――「『科学論文の体裁』とは一体何なのだろう？　それは、全てのタイプの『科学』的研究にとって有効な論文のストーリー構成なのだろうか？」[1]。

その後さまざまな対象や課題に関する調査研究をおこない、また、その結果を論文や研究書としてまとめていく際にも、同じような疑問を抱くことが少なくありませんでした。わたしは、これまでフィールドワークや定性的調査などを中心として研究方法論に関する解説書や論考を何点か発表してきましたが、それらの著作は、そのような疑問＝問いについて何とかして自分なりの答えを見つけようとする中で生まれてきたものだと言えます。

そのような模索を経て、冒頭のコメントが端緒となって生じた数々の疑問に関して、少なくとも自分自身にとってはある程度納得のいく答えが得られたと思っています。もっとも、未だに十分に明らかに出来たとは思えない点も幾つかあります。その中でも最も厄介だったのがこの本で扱ってきた、リサーチ・クエスチョンというものの「正体」、そしてまた研究上の問いの育て方という二つの難問なのです。

実際、「はじめに」でも指摘したように、これらの問題に関して本格的な議論がなされるようになってきたのは、ごく最近のことなのです。ですので、リサーチ・クエスチョンに関しては、定番的な教科書や解説書をたよりにするわけにもいきません。散発的ながらも近年になって発表されてきた何点かのリサーチ・クエスチョン関連の文献に目を通し、また自分自身の経験も振り返りながら、何とか、これらの難問に対する答えの手がかりを探してきたのでした。

次に挙げる解説書と論文は、その三十数年にわたる模索の中で折に触れて発表してきたものです。

- 『フィールドワーク』（新曜社）一九九二年
- 『フィールドワークの技法――問いを育てる、仮説をきたえる』（新曜社）二〇〇二年
- 『フィールドワーク　増訂版』（新曜社）二〇〇六年
- 『社会調査の考え方［上］［下］』（東京大学出版会）二〇一五年
- 『ビジネス・リサーチ』（東洋経済新報社）二〇二一年
- 「問いのかたちと答えのかたち（1）～（3）」『同志社商学』二〇二一年
- 「実践型仮説による命懸けの跳躍」『同志社商学』二〇二二年
- 「リサーチ・クエスチョンの定義と『育て方』」『同志社商学』二〇二四年
- 「『グローバルジャーナル点数主義』の功罪」『同志社商学』二〇二四年[2]

本書は、右の一連の書籍と論考に含まれている内容のうち、特に問いの「育て方」に関する部分の議論のエッセンスを抜き出した上で加筆し、改めて一冊の解説書として再構成したものです。

なお、この本の執筆にあたっては、わたし自身が訳出したマッツ・アルヴェッソン&ヨルゲン・サンドバーグ『面白くて刺激的な論文のためのリサーチ・クエスチョンの作り方

と育て方』（白桃書房）から少なからぬ示唆と「刺激」を受けています。同書は、主に研究者を対象にして、学界の通念や常識を打ち破り、文字通り「面白くて刺激的」な理論的貢献が出来るような論文の作成法を提案する、という内容になっています。つまり、かなり専門的な内容を含む中上級レベルの解説書なのです。

それに対して本書の位置づけは、はじめて調査研究に取り組む学部生や大学院生を主な読者として想定した初級の入門書というものになります。もっとも入門書とは言え、ベテランの研究者の場合であっても陥りがちなワナや思い違いについても解説を加えておきました。また、幾つかの章で取り上げたリサーチ・クエスチョンや仮説あるいは研究例の中には、専門的な学術誌や研究書からの引用が含まれています。これは何かを確実に身につけようとする際には、初級レベルの事例よりは、むしろ（少し「背伸び」してでも）プロやエキスパートなどと呼ばれる人々の仕事を手本にして学ぶ方がはるかに効果的だろうと考えたからに他なりません。

右に挙げた一連の解説書の執筆と刊行にあたっては、出版社各社とご担当の編集者の方々に多大なる御配慮をいただきました。厳しい出版事情の中で、いずれも少し風変わりなところがある解説書の刊行を引き受けていただいたことに、この場を借りて改めて御礼を申し上げます。

本書の刊行に関しては、五年ほど前に『大学改革の迷走』という新書を刊行させていただいたご縁もあって、筑摩書房の橋本陽介氏に編集を担当していただきました。橋本さんには、(かなり分厚いものになってしまった)前著に引き続き、本書の構成や表記などについて数々の貴重なご示唆を頂戴したことに心からの感謝の念を捧げたいと思います。

佐藤郁哉

二〇二四年八月　京都今出川にて

注

はじめに

1　White（2017b: 180）。White（2009; 2013; 2017a）をも参照。

序章

1　Medawar（1964: 12）。ただし、メダワーの論評の主な対象は、論文におけるリサーチ・クエスチョンの位置づけに関する通念的理解ではなく、（当時の）論文に見られた帰納的推論風の筋立てであった。なお、彼は、別のところでは次のようにも述べている――「この点［＝科学者たちが現実におこなう作業］について検討するための資料として、科学『論文』はまったく役に立たない。というのも、論文では、結論にいたるまでの推論過程の内容が隠蔽されているだけでなく、その過程に関して意図的な歪曲が加えられているのが常だからである」（Medawar, 1958: 151）。

2　実際には、アブストラクトあるいは序論などで結論のエッセンスについて手短かに解説しておく場合も多い。つまり、「最も重要な情報を最初に提供して、大量の論文を読む必要のある読者の時間の節約をはかる」というわけである。これを、木下（1981: 31-34）は「重点先行主義」と名づけている。

3　人文・社会科学系でも実証研究以外の理論研究や文献資料の検討を中心とする研究の場合には、典型的なIMRADとは異なる「型」になる例も多い。これについては、小熊（2022: 80-89）参照。また、Sollaci & Pereira（2004）は、自然科学の分野でIMRADが主流の型になっていったのは一九七〇年代以降であるとしている。この点については、第6章のコラムで改めて解説する。

4　リッチー（2024: 224）。

第1章

1 出所：https://books.google.com/ngrams/

2 Google Books Ngram Viewer は、Google が、二〇〇四年前後に開始した各種書籍の全文スキャンプロジェクトを通して作成された膨大なデータベースを元にして提供しているツールである。このツールを使えば、特定の単語や語句の出現頻度とそのおおよその推移などについて知ることが出来るとされている。

3 同じ文献の中で research question と research problem をほぼ同義のものとして併用している例も少なくない（例えば、Merton, 1959; Campbell et al., 1982; Alvesson & Sandberg, 2024）。（本書でも、しばしば「研究上の問い」をリサーチ・クエスチョンの言い換えとして使用している。）一方では、例えば Booth et al.（2016: 49-63）のように、両者を明確に区別して、research problem を特定の読者を想定し、また答えないし解決策を求めることに実践上ないし理論的な意義がある問いを指す言葉として使用している例もある。なお、同書の日本語版『リサーチの技法』（邦訳・ソシム）では research problem に対して「リサーチ課題」という訳語をあてている。なお、海外の文献におけるさまざまな用語法については、佐藤（2021c: 22-24）参照。

4 research question についてはこれまで「リサーチ問題」（例えば、イン、1996）や「研究の問い」（キング、コヘイン、ヴァーバ、2004；野村、2017）あるいは「研究設問」（クレスウェル、2017）、「研究上の問い」（クレスウェル、2007）など多様な訳語があてられてきた。本書では、主に、①疑問符の使用が重要なポイントの一つであることが分かる、および、②原語との対応が明確に出来る、という二つの点から外来語の「リサーチ・クエスチョン」を採用している。

5 ある種の日本語文献やウェブサイト上の記事などでは、リサーチ・クエスチョンではなく「リサーチ・クエッション」というカタカナ表記が用いられている例を見かけることがある。しかし、著者が調べてみた限りでは、英和辞典に記載されている発音記号はほぼ例外なく kwéstʃən ないし kwéʃtʃən であり、クエッションに対応すると思われる kwéʃən などとしている例は見当たらない。また、外国語の発音に関する各種サイトで提供されている音声情報などを参考にしてみても、question については「クエスチョン」と表記するのが無難な選択だと思われる。

6　表1－1に挙げたリサーチ・クエスチョンは、それぞれ次の文献を参考にして作成してみたものである――①鈴木（2024）、②ハルバースタム（1983）、③速水（2013）、④苅谷・志水（2004）、⑤佐藤（2021b）。

7　"What is a Research Question?" ないし "What are Research Questions?" という問いを見出しに掲げながらも、実際には、リサーチ・クエスチョンそれ自体の定義というよりは研究上の問いが果たすべき機能や条件について論じている例もある。例えば、Bryman & Bell（2015: 10-11）、Mohebbi & Coombe（2021: 3-4）。

8　例えば、Denscombe（2009: 16）、Bryman & Bell（2015: 92）。どちらの場合も、仮説をリサーチ・クエスチョンの一種とする上での明確な根拠を示しているわけではない。なお、第1章の本文でもふれているが、福原（2015）には仮説をリサーチ・クエスチョンとして扱っていると思われる例が幾つかある。

9　例えば、アルヴェッソンとサンドバーグは、リサーチ・クエスチョンを次のように非常に広い範囲で定義している――「研究活動を構成する各種の要素［データ、理論等］および研究自体の方向性に関わり、研究の対象が何であるかを明確にし、また研究者が抱く興味や関心の方向性を反映するもの」（アルヴェッソン＆サンドバーグ、2024: 3）。

10　ブース他（2018: 36, 98）。

11　ブース他（2018: 2）。

12　「数値信仰」については、佐藤（2015a: 101-13）参照。また、「実証主義（者）」の多様な意味内容については、例えば、富永（1993）、野家（2001）、沼上（2001）等を参照。なお、定量系の実証研究をおこなう人々の中には、数値データの解析を中心とするリサーチ・デザインの背景にある実証主義的な前提の限界については十分に認識しながらも、研究活動の生産性の維持・向上を念頭において、いわば便宜的にその種の前提を採用している例も少なくないと思われる。この点については、定量的研究における最も基本的な前提の一つである概念と指標のあいだの対応関係をめぐる各種の曖昧さに関する Abbott（1997）の実証（主義的）研究を参照。また、数値指標の設定をめぐる歴史的・社会的側面や政治的問題については、例えば Starr（1983）および Duncan（1984）を参照。

13　リサーチ・クエスチョンにとって疑問符が不可欠であるという点について明記している文献には、例えば、

Bryman & Bell (2015: 10)、Halperin & Heath (2020: 97)、マラニー&レア (2023: 72) などがある。
14 出所：Mullaney & Rea (2022: 20) およびマラニー&レア (2023: 42)。強調は引用者。
15 『リサーチのはじめかた』の邦訳では、表1では「トピック」としている Topic に対して「テーマ」という訳語があてられている。中・上級者向けの解説書の翻訳の場合でも、topic に対して「(研究) テーマ」という訳語があてられている例は少なくない。例えば、キング、コヘイン、ヴァーバ (2004) やアルヴェッソン&サンドバーグ (2023) などがその典型である。これらの例のように、日本語の文章で使用されてきたこれら二つの外来語については、日本独特とも思われる興味深い混用が見られる。なお、日本語の辞書では、ほとんど例外なく「テーマ」をドイツ語の Thema に由来する外来語だとしている。一方で、「トピック」は英語由来だとされている。日本での慣用からすれば、「トピック」は「テーマ」や「問題意識」ないし「問題関心」などにくらべてより個別具体的な調査課題に対応する問いとして見られることが多いと思われる (例えば、佐藤、2015a: 110-112)。一方で英語圏では、研究課題という意味では topic を用いるのが一般的であり、Thema ないし theme の例はあまり見られない。以上のような用語の使用法という点は、英語で論文を執筆する際などには明確に認識しておいた方が良いだろう。
16 福原 (2015: 127)。
17 複数のリサーチ・クエスチョンを組み合わせた例については、例えば、Sato (1991: 6)、戸矢 (2003: 1-9) 等を参照。なお、Mohebbi & Coombe (2021) には、言語教育および応用言語学系の研究におけるリサーチ・クエスチョンの候補が大量に紹介されている。
18 ここで言う「仮説」は主としていわゆる「実証仮説」ないし「テスト命題」を指している。これについては、野家 (2001: 8-11)、米盛 (2007: 98-101)、佐藤 (2015a: 123-136) 等を参照。
19 出所：Bartel (2021) および McMullen & Shepherd (2006) を元に作成。
20 Singleton & Straits (2017: 106), White (2017a: 61-62), 佐藤 (2021b: 80-81)。もっとも、仮説を一種のリサーチ・クエスチョンであるとする見解もある (例えば、Denscombe, 2009: 16; Bryman & Bell, 2015: 10)。これは、本文でも述べたように、「リサーチ・クエスチョン」がかなり広い範囲の対象を指す用語として使われてきたことによる、ある種の混乱であると考えられる。なお、各種のマニュアルでは、仮説については比較的厳密な定義が提示されることが多いのに対して、リサーチ・クエスチョンの方は、明確な定義が示されずに解説がなされる例がほとんどである。

21　佐藤（2015a; 2021b）。

22　表1-4に示した問いは、いわば「リバース・エンジニアリング」（マラニー&レア、2023: 267）によって「完成品」である論文の内容から推測してみたものである。なお、仮説群1を作成する上で参考にした論文のタイトルは"How boundaryless are partner careers in consulting firms?"（コンサルティング企業における共同経営者のキャリアは、どの程度企業の境界を越えて形成されるものなのか？）である。つまり、この場合は論文のタイトルそれ自体が疑問文になっているのである。

23　ミンツバーグ（2006: 505）。なお、原文は次のようなものである――"Sure theories should be tested. But only when they are interesting." (Mintzberg, 2004: 400)。

24　科学研究の内幕物や「メイキング」物としてよく知られているものには、例えば、ワトソン（1986）、ラビノウ（1998）、ペーボ（2015）などがある。また、研究書の巻末などに付された方法論に関する付録で実際の調査における試行錯誤について言及しているものには、Blau（1963: 269-305）やホワイト（2000: 286-303）などがある。

第2章

1　定量的な分析では、ともすれば現実の人ないし集団ではなく、抽象的な「変数」が主体的行為能力を持っているかのように扱われることが多い。これについては、Abbott（1992）参照。また、素朴反映論についてはGriswold（2012）および佐藤（2015b: 235-239）参照。

2　『精選版日本国語大辞典』（小学館）、『日本語文法大辞典』（一九七一年版および二〇〇一年版）（明治書院）等を参照。

3　日本語の解説書では例えば野村（2017）がこのインの表について、5W1H的な問いの分類を踏まえたものであると述べている。なお、野村は research question に対して「研究の問い」という訳語をあてている。一方、インの訳書では「リサーチ問題」という訳語が使用されている。

4　出所：Yin (2018: 9)。

5　実験法と既存資料の検討による因果推論の基本的なロジックについては、佐藤（2015b）の第10章と第13章を参照。

6　疑問詞とリサーチ・クエスチョンの関係に関するインの解説は総じて説明不足であり、意味不明な点も多い。例えば、Yin は what の「一つの可能性」は探索的な問いであるのに対して how と why は説明的であるとしている (Yin, 2018: 10)。しかし、彼は、なぜそのように主張できるのかという点について明確な論拠や具体的なリサーチ・クエスチョンの例を示しながら解説しているわけではない。また、インは、同じ箇所で how many、how much、to what extent が who と where の derivatives（派生語？）だとしているが、これについてもそれ以上詳しい解説は提供しておらず、その主張の真意を読み取ることは困難である。なお、一つの可能性として考えられるのは、インの主な意図は、「事例研究は探索的な研究には向いているが、因果推論や説明という目的は実験でなければ実現できない」という固定観念を払拭するところにあった、というものである。実際、このような通念は、少なくとも『ケース・スタディの方法』の初版が刊行された一九八四年前後までは根強く残っていた。インは、事例研究もまた実験や歴史研究と同様に説明、つまり how と why の問いに対する答えを求める上で有効であると主張しようとして、これら三つのアプローチについては、包括的なレベルのリサーチ・クエスチョンとの対応ないし「相性の良さ」を強調したとも考えられるのである。一方で、質問表調査と資料分析については、探索的で記述的な研究法としての側面を強調するために疑問詞を網羅的に列挙することになったのだと思われる。

7　原著では standard journalistic questions であるが、邦訳ではこの部分が「ジャーナリズムでよく使う５Ｗ１Ｈ」と訳出されている（ブース他、2018: 80)。

8　Booth et al. (2016: 39, 42)。

9　なお、Yin は、問いの形式の基本的な分類のための枠組みは、「おなじみの who、what、where、how、why である」としている（Yin, 2018: 9）。つまり、彼はここでは4W1Hを想定しているのだと考えられる。リサーチ・クエスチョンと5W1H等を含む疑問詞の関係およびリサーチ・クエスチョンに関する各種の類型論について詳しくは佐藤（2021a, 2021c）参照。

10　例えば、高根（1979: 35-44）、De Vaus（2001: 17-22）、盛山（2004: 48-54）、White（2009: 48-49; 2017a: 57-59）。

11　説明の問いに関する解説では、必ずしも常にWhyという疑問詞が使われてきたわけでない。一方で、記述の問いに関する解説に際してもWhat以外の疑問詞が使われることがあった。例えば、心理学者の牧野達郎は、心理学実験には、ヒトや動物の行動の「なぜ」を明らかにする上で、行動を規定する条件は「なにか」を追求する「Whatタイプ」の実験とそれぞれの条件がどのように行動や現象を規定するかを追求する「Howタイプ」の実験があるとしている（牧野、1973: 6）。また、社会学者の盛山和夫は、記述の問いは「how（どうなっているか）」を問うものだとしてhowという疑問詞をあてている（盛山、2004: 48-49）。この二例もまた、各種のリサーチ・クエスチョンの性格について知る上で疑問詞の外形的特徴がそれほど有効な手がかりにはならない、という点を如実に示していると言えるだろう。

12　Fischer（1970: 14）。

13　同様の指摘については、MacIver（1942: 123）および苅谷・石澤（2019: 201-203）参照。また、米国の社会学者ハンス・ザイゼルの『数字で語る』（邦訳・新曜社）には、個人的行為に関する「『なぜ？』を問う技術（The Art of Asking "Why?"）」としての「理由分析」に関する詳細な解説がある（ザイゼル、2005: 177-210）。

14　佐藤（2015a: 105）。

15　おなじような混乱はWhiteにも見られる。彼は、*Developing Research Questions*の初版と第二版の両方で、リサーチ・クエスチョンを記述の問いと説明の問いに分けた上で、それぞれに該当すると想定される疑問詞をjournalistic sixつまり5W1Hの中から配分している。もっとも、初版ではWhat、Who、When、Whereの四つを記述の問い、WhyとHowの二つを説明の問いの方に割り当てている（White, 2009: 48-49）のに対して、第二版ではHowについては両方のカテゴリーにまたがる曖昧な位置づけであるとしているのである（White, 2017a: 57-58）。一方で彼は、他のところでは、このような疑問詞の配分は厳格なカテゴリー分けというのではなく、ヒント程度ののに過ぎないとも述べている（White, 2017b: 193）。

16 なお、『ケース・スタディの方法』には、異なる調査技法を組み合わせて事例研究をおこなう「トライアンギュレーション」などと呼ばれるアプローチの解説が含まれている。そのような場合には、表2-1のような形でリサーチ・クエスチョンと研究手法の対応関係を整理することにはそれほど意味がないようにも思われる。

17 高根（1979: 40）。強調は引用者。

18 高根（1979: 41）。高根はこの文章の直前では、「正確な『記述』は、『説明』的研究に進むために、欠くことができない前提となる」とも述べている。しかし、新書である『創造の方法学』のスペースの制約もあってか、彼が言う「たんなる記述」が具体的にどのような文献におけるどのような種類の記述を指しているのかは必ずしも明らかではない。例えば、優れた歴史書の記述には、明示されているか否かは別にしてもメインクエスチョン的なWhyの問いおよびそれに対する答えに相当する因果推論の要素が含まれている例も多いはずである。これについては、例えば、ギャディス（2004）、野家（2016）およびカー（2022）等を参照。

19 この点については、佐藤（2021b: 26, 55）参照。なお、古くからの名所や観光地自体が本物志向というよりはむしろ多分にイミテーション的な要素を含むセルフパロディを通して一種のテーマパークとしての性格を帯びがちな傾向については、例えば、カー・清野（2019）、松井（2022）参照。

20 Merton（1959: xiv-xv）。

21 Campbell et al.（1982: 77）。

22 Campbell et al.（1982: 135）、強調は引用者。

23 Ackoff（1974: 8）、強調は引用者。

24 各種の経済指標の問題については、例えば、コイル（2015）、カラベル（2017）、スタージ（2024）等を参照。

25 コイル（2015: 72-74）、International Monetary Fund et al.（1991: 11）重光（1989）、Harrison（1993: 146）.

26　同様の問題は、例えば、不正確な政府統計にもとづいて作成された数理モデルなどについても指摘できる。この点については、日本で二〇一八年から翌一九年にかけて次々に発覚していった、いわゆる「統計不正」に関する、経済学者の神林龍による次のような指摘が示唆的である――「EBPMの掛け声とは裏腹に政策立案者も政策遂行者も研究者も、統計作成を軽視するようになってきたとすれば、問題はかなり根深い」（神林、2019）。

27　大野（1978: 33-34）。

28　勝間（2010: 39-40）。

29　このコラムで紹介しているそれぞれの類型論については、Denscombe（2009: 11-12）、Alvesson & Sandberg（2024: 14-15）、Halperin & Heath（2017: 96, 117）参照。また、佐藤（2021c）では、これらの文献を含む各種のリサーチ・クエスチョンの類型論について解説しておいた。

第3章

1　学術研究や理論の「面白さ（interestingness）」については、Davis（1971, 1986）、デイビス（2016, 2017）およびアルヴェッソン&サンドバーグ（2024）参照。

2　伊坂（2014: 7）。

3　自治体関係の調査の実態については、大谷（2002）が参考になる。また、大学改革関連でおこなわれた全国規模の「学生調査」の問題点については、佐藤（2019）の第七章で詳しく解説しておいた。

4　ここで「本来の意味でのリサーチ」としたのには若干の語弊があるだろう。というのも、第1章で述べたように、リサーチは最も広い意味には「調べ物」ないし「調べ事」というものがあるからである。また、interesting research および interesting research questions という、ある意味では冗長とも思える単語の組み合わせをウェブで検索してみると、比較的高い頻度でヒットするという点も、実際には退屈な research が少なくないことを如実に示しているように思われる。

5　出所：田村（2006: 10）および Alvesson et al.（2017: 19）を元に作成。

6　Davis (1971, 1986)、アルヴェッソン&サンドバーグ (2024)。

7　本書は実証研究の報告書というわけではないが、全体としては、次のような形でほぼ2W1Hの「三点セット」の問いとそれに対する答えが解説の中心になっていると考えることが出来る――第1〜3章＝What (リサーチ・クエスチョンとはどのようなものか？　どのようなものであるべきか？　リサーチ・クエスチョンに関してはどのような混乱が生じているか？)、第4章＝Why (なぜ、リサーチ・クエスチョンをめぐる混乱があるのか？)、第5章・6章＝How to (混乱を避けて有意義な調査研究をおこなうためには、どのようなリサーチ・クエスチョンを設定し、また「育てて」いけば良いか？)。

8　物事の是非善悪や価値判断に関わる問いはリサーチ・クエスチョンとしては相応しくない、とする見解もある。つまり、「学術研究」における問いであるからには、問いに対する答えの「真偽」が検証できる、事実に関する冷静で客観的な把握と分析に専念すべきだ、とする考え方である。それに対して、近年、「事実」と「価値」とを二律背反的にとらえるのはやや旧式の発想であるとする見解も提示されるようになってきている。この点については第5章で改めて解説する。

9　ここで言う2W1Hは、サイモン・シネック (2012) が『Whyから始めよ!』(邦訳・日本経済新聞出版) でビジネス・フレームワークとして提案する「ゴールデンサークル」とは全くの別物である。シネックによれば、人々を鼓舞 (インスパイア) し事業を成功に導くことが出来る傑出したリーダーは、WHY (なぜ、それをするのか？) →HOW (どのような手法でそれをするのか？) →WHAT (具体的に何をするのか？) の順番で発想し、行動し、社内外へのコミュニケーションを図っているのだと言う。

10　出所：佐藤 (2021b: 43)。

11　出所：佐藤 (2021b: 46)。

12　この点については、実業家・事業再生コンサルタントの三枝匡による次のような指摘が示唆的である――「……経営書、ビジネス・スクール、経営コンサルタントなどが語る理屈は玉石混交で、経営現場で現実に使えないものがやたら多いことは問題です。その原因は、理論と称するものを作った当人がもともとカネの臭いのする経営現場への感性が弱い人である場合、あるいは学んだ側がその理論を自分の現場で使える『道具』に落とし込む、『論理的現場力』とでもいうべき能力に劣る場合のいずれかだと思います」（三枝、2013b：330）。なお、三枝は別のところで経営改革の「三枚セットのシナリオ」として、「現状認識・強烈な反省論」、「方針・戦略を示す改革シナリオ」、「アクションプラン」の三点を挙げている（三枝、2013a）。最初の一点が本書で言う2W、残る2点は1Hに該当するだろう。また、同じような点についてRumelt（2017：77–94）は、①Diagnosis、②Guiding Policy、③Coherent Actionを「戦略の要諦（the kernel of good strategy）」として提唱している。

13 問いの実質的な内容と疑問詞は必ずしも一対一の対応関係にはならないという点については、Hamblin（1967：50-51）およびWhite（2017b：192）参照。実際、Mohebbi & Coombe（2021）に例示されているリサーチ・クエスチョンには実に多様な疑問詞が使用されている。

第4章

1 主に自然科学の分野で取り上げられてきたプレプリントやオープン・サイエンスの発想には、研究の初期段階から研究活動の「手の内」を公開することにつながる可能性があると思われる（詳しくは、リッチー（2024：第8章）参照）。もっとも、社会科学の分野でも同様の慣行が今後普及していくかどうかについては予断を許さないところがある。

2 「問題・方法・結果・考察」というのは、かつて心理学系の領域などで慣用して使われてきた、論文の「型」についてのやや旧式の説明である。この点については、本書の「おわりに」も参照。

3 出所：佐藤（2015b：284）。

4 出所：佐藤（2002：131–133；2015b：288）。

5 出所：佐藤（2002：129；2015b：289）。

6 トゥーリッシュ（2022：374）、アルヴェッソン&サンドバーグ（2023：41）。

7 もっとも、実は、必ずしも学術論文の場合でもリサーチ・クエスチョンが明記されているとは限らない。例えば、

Whiteは、幾つかの文献レビューの結果を踏まえて、一流誌とされる教育系の学術ジャーナルに掲載された論文の場合でも、その過半数がリサーチ・クエスチョンを明記していなかったとしている（White, 2017b: 181）。

8　最近になってRapley（2022）は、リサーチ・クエスチョンが調査プロセスの全体を通して改訂されていく可能性について言及している。また、クレスウェルら（2007: 119）は比較的早い時期に、定量的研究とは違ってある種の定性的研究ではリサーチ・クエスチョンが何度となく再構築されていく可能性について指摘していた（Creswell & Creswell, 2020: 135も参照）。もっとも、彼らの言う「研究全体を通して研究上の問いが変化することのない量的研究」というのは、本書で解説した各時期完結型の研究に限定されることは明らかであろう。

9　Booth et al.（2016: 178）、ブース他（2018: 301）。

10　苅谷・石澤（2019）は、問いを練り上げていく過程について詳しく解説している。

11　これは、一つには、リサーチ・クエスチョンの定式化（formulation）が、調査研究の初期段階で確定されるべきリサーチ・デザイン（調査における主要な要素（研究目的・理論・データの性格およびデータ収集と分析の方法・仮説等）の構成に関わる基本的な構想）を確定する上で最も重要な要素であると想定されてきたことによると考えられる。これについては、例えばDe Vaus（2001: 17–21）およびBryman（2007）参照。なお、「リサーチ・デザイン」という用語の多義性については、佐藤（2022: 18–22）参照。

12　Andrews（2003）、White（2009, 2017a）。佐藤（2015a: 101–104）および苅谷・石澤（2019）にも問いのレベルや問いのブレークダウンに関する解説がある。なお、AndrewsとWhiteの解説では、サブクエスチョンへの分割をおこなう際にどのような特定の概念や理論をその根拠として用いるか、という点については特に解説を加えていない。

13　出所：佐藤（2024a: 148）。

14　メインクエスチョンやセントラル・クエスチョン以外にも、overarching questionなどと呼ばれることもある。

15　Bandura（1997）、Eccles & Wigfield（2002）。

16　この補論は、主としてWhite（2009: 64–65; 2017a: 72）の解説を踏まえている。なお、佐藤（2024a: 159–160）をも参照。

第5章

1　例えば、Andrews (2003: Ch. 3)、Bryman & Bell (2015: 92-93)、大木 (2016)、White (2009: Ch. 3; 2017a: Ch. 3)、グレガーセン (2018)、マラニー&レア (2023: 3章)。

2　Cummings et al. (2007: 19-22)。

3　Farrugia et al. (2009)。なお、福原 (2022) には、FINER や PICOT およびその他の規準に関する簡明な解説がある。

4　もっとも、だからと言って、容易に答えが出せそうな問いを選んで「小さくまとめる」ことだけを心がけている限りは、本当の意味で「面白い」リサーチ・クエスチョンを作ることも、それを育てていくことも出来なくなるだろう。この点に関しては、第6章で解説する。

5　新型コロナウイルス感染症に対する日本政府による一連の対応に含まれていた問題点については、一般財団法人アジア・パシフィック・イニシアティブ (2020)、広野 (2024) 等を参照。なお、「泥縄」というのは前者の報告書で引用されていた、官邸中枢スタッフによる発言の一部である (同書、p. 413)

6　実証研究をめぐる「価値 対 事実」という単純な二項対立的図式に関する批判的見解については Gerring & Yesnowitz (2006)、Halperin & Heath (2020: 87) および佐藤 (2021c: 24-27) 参照。

7　同じ「価値」という言葉ではあるが、規範的問いの場合は倫理的価値が中心であるのに対して、実践的問いの場合にはむしろ功利的な価値や利害関心が重視される場合も多いだろう。

8　例えば、定量的な調査などでは第1章で例示したような仮説命題がよく採用される。その「命題」の一義的な意味は「真または偽である文」(『哲学辞典』(平凡社)) ないし「真偽を判定することのできる文」(『広辞苑』(岩波書店)) である。

9　これは、What と Why の問いを設定する場合には、少なくとも建前としては (少し変則的な日本語表現ではあるが)「不動の事実 (真実)」の解明に取り組もうとすることが少なくない、という点とは対照的だと言えるだろう。

この点で示唆に富むのは、戦略論と経営理論の大家である米国の経営学者リチャード・ルメルトによる次のような指摘である――「変転きわまりない世界においては、同じようなことを繰り返していくというのは決して適切な答えなどではない。変わりゆく世界における優れた戦略には起業家的な要素が不可欠である。つまり、戦略には、新しいリスクと新しいチャンスに対応できる資源の新しい組み合わせ方に関する何らかのアイデアないし洞察が含まれていなければならないのである」（Rumelt, 2017: 244. 強調は原文）。

10 Silverman (2019: 38)、アルヴェッソン＆サンドバーグ（2023: 22）。

11 紙幅の制約から詳しい解説は省略するが、三番目の問いは、戸矢哲朗『金融ビッグバンの政治経済学』（東洋経済新報社）、四番目の問いは拙著『現代演劇のフィールドワーク』（東京大学出版会）に挙げられていた実例である。

12 出所：White (2017a: 25-26, 75-76)、Halperin & Heath (2020: 104-106)、佐藤（2021b: 125-126）を元に作成。

13 それぞれの学会のホームページによれば、二〇二二年時点で日本経営学会の会員数は「二〇〇〇名弱」、組織学会の場合は二〇二三年時点で約一九九一名（正会員）とされている。これらの二つの学会の会員には重複も多いと思われるが、文部科学省の学校基本調査（二〇二三年度版）によれば、四年制の大学の場合、商学・経済学系の学部数は全体で約二七〇であり、またそれらの学部には合計で四六万人以上の学生が在籍している。

14 したがって、ここではある種の統計分析における「総当たり式」の（よく言えば「探索的な」）絞り込みは想定していない。

15 図5-3の二段目と三段目の問いには「なぜ」という疑問詞（的用語）は使われていない。しかし、これらも明らかに因果関係についての問いとしての性格を持っている。

16 目的志向型サンプリングについては、Patton (2002: 230-242)、佐藤（2021b: 277-285）参照。なお、原語が似ていて少し紛らわしいのだが、目的志向型サンプリングは有意抽出法（purposive sampling）、つまり「非確率的サンプリングの一種であり、典型的な事例ないし母集団における［調査課題に］関連する次元に関して代表的な事例を慎重に配慮しながら［purposive に］選びだしていく作業を含む」標本抽出法（Singleton & Straits, 2017: 587）とは基本的に異なる発想にもとづいている。

17　当然ながらリサーチ・クエスチョンの改訂作業にともなって、対応する仮説の方も再構築されていくことが多い。この点に関しては、仮説に関する次のような問いかけがカギになるだろう――「調べようと思っている問題は、いま、どの程度明らかになったのか？」、「明らかになったことは、はじめの予想と同じだったか？　違っていたとしたら、どのように違っているのか？　どうしてそのような違いが出てきたのか？」、「調査を始める前には思いもよらなかったような発見は無かったか？」（佐藤、2002: 139-141）。

18　例えば、Blau（1963: 273）、Andrews（2003: 39）、White（2017a: 68-70）、マラニー＆レア（2023）。

19　川喜田（1967, 1970）。

20　同様の点については、マラニー＆レア（2023: 107-114, 134-137, 185-195, 289-297）参照。

第6章

1　それぞれの学派ないし「流派」に特有の方法論ないし存在論や世界観によるリサーチ・クエスチョンの言い回し（フレージング）の違いについては、Creswell & Creswell（2020: 133-139）および Baker（2022）等を参照。例えば、Creswell & Creswell は、定性的調査の場合は、社会的行為の意味や社会現象をある種の「物語」の形式で表現するようなリサーチ・クエスチョンが設定されるのに対して、定量的調査におけるリサーチ・クエスチョンでは変数間の関係がクローズアップされることになる、としている。

2　「問題意識」というのは非常に多義的な用語であり、別の言葉で置き換えた方が良いだろう。これについては、佐藤（2015a: 110-112, 263, 264）参照。同様の点は、「意識調査」という用語についても指摘できる。「意識」を調べているとしながらも、実際には、行動や態度あるいは意見について回答を求めている例が少なくないのである。

3　第4章の注11でも触れたように、「リサーチ・デザイン」はかなり多義的な用語であり、文献によって挙げられている構成要素の種類にはかなりの違いがある。ここに挙げた定義はかなり網羅的にほぼ全ての要素を盛り込んだものである。もっとも、リサーチ・デザインの要素の一つとして取り上げられることもある「仮説」については省略してある。この点に関しては佐藤（2022: 20-22）参照。

4　各時期完結型あるいはルーチンワーク的な調査研究の場合は、リサーチ・クエスチョンの設定に関してそれほど時間がかからない場合も多いだろう。

5　出所：Glasman-Deal（2020: 2, 74, 140, 190, 244）、White（2017a: 75-76）、Halperin & Heath（2020: 104-106）、佐藤（2021b: 125）等を元に作成。

6　Introduction の上に Title や Abstract、また、Discussion の下に Conclusion を置く場合もある。

7　図6-2の漏斗型の絞り込みは、主として論文の構成に関わるものであるが、同じようなことは、論文の文面には必ずしも明記されていない舞台裏の一連の作業についても当てはまるだろう。例えば、先行研究を検討する際には、当然、レビューの対象となる文献の絞り込みをおこなう作業が含まれている。また、その文献にはリサーチ・クエスチョンに直接に関わる先行研究だけでなく、前提となった理論的枠組みを扱った文献や研究対象（者）の実態に関する情報を扱った文献も含まれることもあるだろう。なお、同様の点について White は漏斗式文献レビュー（literature funnel）という言葉で表現している（White, 2017a: 25-28）。

8　この点については、Ragin（1992: 2）、佐藤（2015b: 243-250; 2021b: 266-273）等を参照。

9　ここで言う「拡張型サブクエスチョン」は、Andrews と White が副次的問い（ancillary questions）と呼んでいるものに該当する（Andrews, 2003: 43-45; White, 2017a: 71）。一方、本書で言う絞り込み型サブクエスチョンを Andrews は寄与的な問い（contributory questions）と名付けている（Andrews, 2003: 45-50）。なお、彼らは絞り込みと拡張における軸になり得る対象と視点とのあいだには特に区別を設けていない。

10　もっとも、拡張型の場合も、何らかの形で対象と視点を一定の範囲に限定して調査研究をおこなうという点では、広い意味での絞り込みをおこなっていると言える。その意味では、拡張型よりは「追加型」と呼ぶべきかも知れない。また、必ずしも考慮に入れる要因や変数を単純に増やしていくわけではなく、場合によっては従来考慮していた変数を検討対象から除外することもあり得る。したがって、視点の「移動型」ないし「ズラし型」と名づけることも出来るだろう。

11　これは、著者があるところで紹介している、事例や変数の追加によって「事例―変数マトリクス」の範囲を拡大していくアプローチであると言える（佐藤、2021b: 241–252）。

12 見えざる大学についてはCrane（1972）、社会関係資本については、Portes（1998）、パットナム（2006）等を参照。

13 例えば、次のような問いが含まれるだろう。メインクエスチョン――「野心的で不確実性の高い研究戦略の採用に関しては、特にどのような個人的、制度的、社会的ネットワークに関連する要因が影響を及ぼしているか？」。サブクエスチョン――「研究者集団が形成・蓄積してきた各種の社会関係資本の中でも特にどのような種類のものが野心的で不確実性の高い研究戦略の採用を促すか？ 逆にどのような種類の社会関係資本が野心的な研究戦略の採用を阻むか？」、「野心的で不確実性の高い研究戦略を採用している研究者が形成している社会的ネットワークにはどのような構造的特徴（規模、凝集性、中核メンバーと周辺的メンバーの関係等）があるか？」、「その社会的ネットワークにおいては、その時々の『国際標準』に対するどのような見解が、どの程度共有されているか？」、「『国際標準』に関して対照的な対応を示す複数の社会的ネットワークに参加している研究者の学術業績のラインナップを『ポートフォリオ』として見た場合、そのポートフォリオにはどのような特徴があるか？ そのポートフォリオに含まれる各種の学術刊行物は、それぞれどのような経済的・社会的・心理的便益ないし一定の損失やリスクを研究者に対してもたらすことが想定されているか？」。

14 佐藤（2015a: 165–167）。

15 例えば、Parsons（1937: 16–20）、Popper（1945: 247–248）、Dahrendorf（1959: 100）、ポパー（1974: 379–402）、高根（1979: 59–61）、苅谷（1996: 157–160）、苅谷・石澤（2019:149–151）。

16 なお、「ギャップ・スポッティング」などと呼ばれる、従来の研究では見落とされていた比較的狭い問題領域に焦点をあてて研究を進めその成果をアピールするような論文刊行戦略は、サーチライトを使って視点を大幅にずらすことを目指すアプローチとは本質的に異なるものだと言える（アルヴェッソン&サンドバーグ、2024参照）。実際、その種の「隙間充填」型の研究戦略は、むしろ、狭い範囲内でスポットライトの位置を少しだけ変えているようなアプローチだと言える。

17 出所：Sollaci & Pereira（2004: 365）。なお、このコラムについては、佐藤（2021b: 13-131）をも参照。

18 Barney（2005: 297）、強調は引用者。

19 トゥーリッシュ（2022: 373）参照。

20 度重なる研究不正やQRPs（疑わしい研究行為）の背後に硬直的な学術界の制度があることは疑いようもないだろう。これについては、トウリーッシュ（2022: 4-7章）、アルヴェッソン&サンドバーグ（2024: 第7章）およびリッチー（2024）参照。また、明らかな研究不正とは言えないまでも、研究自体の意義がほとんど理解できないような心理学系の論文が国際学術誌に掲載されてきたことについては、越智（2021）が多数の「オモシロ論文」の例を挙げて解説している。なお、自然科学系の業績を評価するためのモノサシを人文社会系の業績の評価に際して適用することには、幾つもの問題がある。例えば、業績点数（本数）の数え方一つをとってみても、バスケットボールの点数とサッカーの点数とを同列に論じるような不条理があると言えるだろう。

おわりに

1 IMRAD的な型と定性的で非実証主義的な研究との「相性の悪さ」については、例えばSuddaby（2006: 637）やPratt（2009: 858）参照。

2 『同志社商学』に掲載された論文のうち最初の五点はJSPS科学研究費補助金（課題番号19K02144）、最後の一点はJSPS科学研究費補助金（課題番号24K05021）の研究助成を受けている。

参考文献

アルヴェッソン，M.・サンドバーグ，J.（佐藤郁哉訳）（2023）『面白くて刺激的な論文のためのリサーチ・クエスチョンの作り方と育て方――論文刊行ゲームを超えて』白桃書房

――――（2024）『面白くて刺激的な論文のためのリサーチ・クエスチョンの作り方と育て方――論文刊行ゲームを超えて　第2版』白桃書房

伊坂幸太郎（2014）「アイネクライネ」『アイネクライネナハトムジーク』幻冬舎，pp. 5-44.

一般財団法人アジア・パシフィック・イニシアティブ（2020）『新型コロナ対応民間臨時調査会　調査・検証報告書』ディスカヴァー・トゥエンティワン

イン，R.（近藤公彦訳）『ケース・スタディの方法〔第2版〕』千倉書房

大木清弘（2016）「筋が悪いリサーチクエスチョンとは何か？　経営学分野の学術論文作成のための手引き」『赤門マネジメント・レビュー』第15巻10号，pp. 509-521.

大谷信介（2002）『これでいいのか市民意識調査――大阪府44市町村の実態が語る課題と展望』ミネルヴァ書房

大野耐一（1978）『トヨタ生産方式――脱規模の経営をめざして』ダイヤモンド社

小熊英二（2022）『基礎からわかる論文の書き方』講談社現代新書

越智啓太（2021）『すばらしきアカデミックワールド――オモシロ論文ではじめる心理学研究』北大路書房

カー，A.・清野由美（2019）『観光亡国論』中公新書ラクレ

カー，E. H.（近藤和彦訳）（2022）『歴史とは何か　新版』岩波書店

勝間和代（2010）『チェンジメーカー』講談社

カラベル，Z.（北川知子訳）（2017）『経済指標のウソ』ダイヤモンド社

苅谷剛彦（1996）『知的複眼思考法』講談社

苅谷剛彦・石澤麻子（2019）『教え学ぶ技術――問いをいかに編集するのか』ちくま新書

苅谷剛彦・志水宏吉編（2004）『学力の社会学』岩波書店

川喜田二郎（1967）『発想法――創造性開発のために』中公新書

――――（1970）『続・発想法――KJ法の展開と応用』中公新書

神林龍（2019）「毎勤統計不適切調査の背景――政策立案と遂行の分化映す」『日本経済新聞』2019年1月28日付

木下是雄（1981）『理科系の作文技術』中公新書

ギャディス，J. L.（浜林正夫・柴田知薫子訳）（2004）『歴史の風景――歴史家は

どのように過去を描くのか』大月書店
キング，G.・コヘイン，R. O.・ヴァーバ，S.（真渕勝訳）（2004）『社会科学のリサーチ・デザイン――定性的研究における科学的推論』勁草書房
グレガーセン，H.（黒輪篤嗣訳）（2020）『問いこそが答えだ！　正しく問う力が仕事と人生の視界を開く』光文社
クレスウェル，J. W.（操華子・森岡崇訳）（2007）『研究デザイン――質的・量的・そしてミックス法』日本看護協会出版会
―――（抱井尚子訳）（2017）『早わかり混合研究法』ナカニシヤ出版
コイル，D.（高橋璃子訳）（2015）『GDP――〈小さくて大きな数字〉の歴史』みすず書房
ザイゼル，H.（佐藤郁哉訳）（2005）『数字で語る』新曜社
三枝匡（2013a）『V 字回復の経営』日本経済新聞出版
―――（2013b）『増補改訂版 戦略プロフェッショナル』ダイヤモンド社
佐藤郁哉（1992）『フィールドワーク――書を持って街へ出よう』新曜社
―――（1999）『現代演劇のフィールドワーク』東京大学出版会
―――（2002）『フィールドワークの技法――問いを育てる、仮説をきたえる』新曜社
―――（2006）『フィールドワーク――書を持って街へ出よう　増訂版』新曜社
―――（2015a）『社会調査の考え方［上］』東京大学出版会
―――（2015b）『社会調査の考え方［下］』東京大学出版会
―――（2019）『大学改革の迷走』ちくま新書
―――（2021a）「問いのかたちと答えのかたち（1）――疑問詞の組み合わせからリサーチ・クエスチョンの分類法を模索する」『同志社商学』第 72 巻第 5 号，pp. 206-222.
―――（2021b）『はじめての経営学 ビジネス・リサーチ』東洋経済新報社
―――（2021c）「問いのかたちと答えのかたち（2）――リサーチ・クエスチョンの類型化と問いのレベル」『同志社商学』第 73 巻第 1 号，pp. 1-28.
―――（2021d）「問いのかたちと答えのかたち（3）――『仮の答え』の類型化を目指して」『同志社商学』第 73 巻第 3 号，pp. 1-27.
―――（2022）「実践型仮説による『命懸けの跳躍』――問いのかたちと答えのかたち・第 4 部」『同志社商学』第 73 巻第 4 号，pp. 1-24.
―――（2024a）「リサーチ・クエスチョンの定義と『育て方』」『同志社商学』第 75 巻第 6 号，pp. 141-166.
―――（2024b）「『グローバルジャーナル点数主義』の功罪――経営学の国際標準化に関する実態調査に向けて」『同志社商学』第 76 巻第 1 号，pp. 1-27.
重光晶（1989）『ソ連の国民経済』東洋経済新報社
シネック，S.（2012）『WHY から始めよ！　インスパイア型リーダーはここが違う』日本経済新聞出版
鈴木亘（2024）「コロナ 5 類移行 1 年（中）教訓活用へ改革　国会主導で」『日本

経済新聞』2024 年 5 月 2 日付
スタージ，G.（尼丁千津子訳）（2024）『ヤバイ統計 —— 政府、政治家、世論はなぜ数字に騙されるのか』集英社
盛山和夫（2004）『社会調査法入門』有斐閣
高根正昭（1979）『創造の方法学』講談社現代新書
田村正紀（2006）『リサーチ・デザイン —— 経営知識創造の基本技術』白桃書房
デイビス，M. S.（内海透雄・大秦一浩訳）（2016，2017）「翻訳 おもしろさについての導入研究（前篇，後篇）—MURRAY S. DAVIS, That's Interesting!: Towards a Phenomenology of Sociology and a Sociology of Phenomenology（訳稿）」『文藝論叢』（大谷大学文藝学会編）第 87 号，pp. 16–39，第 88 号，pp. 194–216
トゥーリッシュ，D.（佐藤郁哉訳）（2022）『経営学の危機 —— 詐術・欺瞞・無意味な研究』白桃書房
富永健一（1993）『現代の社会科学者 —— 現代社会科学における実証主義と理念主義』講談社学術文庫
戸矢哲朗（2003）『金融ビッグバンの政治経済学 —— 金融と公共政策策定における制度変化』東洋経済新報社
沼上幹（2001）「われらが内なる実証主義バイアス」『組織科学』第 33 巻第 4 号，pp. 32–44.
野家啓一（2001）「「実証主義」の興亡 —— 科学哲学の視点から」『理論と方法』第 16 巻第 1 号、pp. 3–18.
——— （2016）『歴史を哲学する』岩波現代文庫
野村康（2017）『社会科学の考え方 —— 認識論、リサーチ・デザイン、手法』名古屋大学出版会
パットナム，R.（柴内康文訳）（2006）『孤独なボウリング —— 米国コミュニティの崩壊と再生』柏書房
ハリス，R.（寺町朋子訳）『生命科学クライシス —— 新薬開発の危ない現場』白揚社
ハルバースタム，D.（浅野輔訳）『ベスト＆ブライテスト 3　新版』（1983）サイマル出版会
速水悠人（2013）「ドラッグストア企業の店舗戦略と競争環境分析 —— 業界トップ企業の営業利益率がなぜ低いか」沼上幹＋一橋 MBA 戦略ワークショップ編『戦略分析ケースブック　vol. 3』東洋経済新報社，pp. 132–161.
広野真嗣（2024）『奔流 —— コロナ「専門家」はなぜ消されたのか』講談社
ブース，W. C.・コロンブ，G. G.・ウィリアムズ，J. M.・ビズアップ，J.・フィッツジェラルド，W. T.（川又政治訳）（2018）『リサーチの技法』ソシム
福原俊一（2015）『リサーチ・クエスチョンの作り方 —— 診療上の疑問を研究可能な形に　第 3 版』認定 NPO 法人健康医療評価研究機構
ヘラップ，K.（梶山あゆみ訳）（2023）『アルツハイマー病研究、失敗の構造』みすず書房

ペーボ，S.（野中香方子訳）（2015）『ネアンデルタール人は私たちと交配した』文藝春秋
ポパー，K.（森博訳）（1974）『客観的知識――進化論的アプローチ』木鐸社
ホワイト，W. F.（奥田道大・有里典三訳）（2000）『ストリート・コーナー・ソサエティ』有斐閣
松井今朝子（2022）「こころの玉手箱（1）」『日本経済新聞』2022 年 4 月 25 日付
牧野達郎（1973）「実験の計画」大山正編著『心理学研究法 2 実験 I』東京大学出版会，pp. 1–38.
マラニー，T. S.・レア，C.（安原和見訳）（2023）『リサーチのはじめかた』筑摩書房
ミンツバーグ，H.（池村千秋訳）（2006）『MBA が会社を滅ぼす――マネジャーの正しい育て方』日経 BP
米盛裕二（2007）『アブダクション――仮説と発見の論理』勁草書房
ラビノウ，P.（渡辺政隆訳）（1998）『PCR の誕生――バイオテクノロジーのエスノグラフィー』みすず書房
リッチー，S.（矢羽野薫訳）（2024）『Science Fictions あなたが知らない科学の真実』ダイヤモンド社
ワトソン，J.（江上不二夫・中村桂子訳）（1986）『二重らせん――DNA の構造を発見した科学者の記録』講談社
Abbott, A.（1992）“What do Cases do? Some Notes on Activity in Sociological Analysis,” In Becker, H. S. and Ragin, C. C.（eds.）*What is a Case? Exploring the Foundations of Social Inquiry*. Cambridge University Press, pp. 53–82.
――――（1997）“Seven Types of Ambiguity,” *Theory and Society*, 26（2/3）: 357–391.
Ackoff, R.（1974）*Redesigning the Future*. John Wiley & Sons.
Alvesson, M. and Sandberg, J.（2024）*Constructing Research Questions*（2nd ed）. SAGE.
Alvesson, M., Gabriel, Y., and Paulsen, R.（2017）*Return to Meaning: A Social Science with Something to Say*. Oxford University Press.
Andrews, R.（2003）*Research Questions*. Continuum.
Baker, E. A.（2022）*Crafting Qualitative Research Questions*. SAGE.
Bandura, A.（1997）*Self-Efficacy: The Exercise of Control*. W. H. Freeman and Company.
Bartel, J-N.（2021）“How Boundaryless are Partner Careers in Consulting Firms? A Two-Country Optimal Matching Analysis,” *The International Journal of Human Resource Management*, 32（20）: 4311–4336.
Barney, J. B.（2005）“Where does Inequality Come from? The Personal and Intellectual Roots of Resource-Based Theory,” In Smith, K. G. and Hitt, M. A.（eds.）*Great Minds in Management: The Process of Theory Development*. Oxford University Press, pp. 280–303.

Blau, P. M. (1963) *The Dynamics of Bureaucracy: A Study of Interpersonal Relations in Two Government Agencies.* University of Chicago Press.

Booth, W. C., Colomb, G. G., Williams, J. M., Bizup, J., and Fitzgerald, W. T. (2016) *The Craft of Research.* University of Chicago Press.

Bryman, A. (2007) "The Research Question in Social Research: What is Its Role?" *International Journal of Research Methodology,* 10 (1) 5-20.

Bryman, A. and Bell, E. (2015) *Business Research Methods* (4th ed.). Oxford University Press.

Campbell, J. P., Daft R. L., and Hulin, C. L. (1982) *What to Study: Generating and Developing Research Questions.* SAGE.

Crane, D. (1972) *Invisible Colleges: Diffusion of Knowledge in Scientific Communities.* University of Chicago Press.

Creswell, J. W. and Creswell, J. D. (2020) *Research Design: Qualitative, Quantitative, and Mixed Methods Approaches* (5th ed). SAGE.

Cummings, S. R., Browner, W. S. and Hulley, S. B. (2007) "Conceiving the Research Question," In Hulley, S. B., Cummings, S. R., Browner, W. S., Grady, D. G. and Newman, T. B. (eds.) *Designing Clinical Research* (3rd ed). Lippincott Williams and Wilkins.

Dahrendorf, R. (1959) *Class and Class Conflict in Industrial Society.* Stanford University Press.

Davis, M. S. (1971) "That's Interesting! Towards a Phenomenology of Sociology and a Sociology of Phenomenology," *Philosophy of Social Sciences,* 1: 309-344.

——— (1986) "That's Classic! The Phenomenology and Rhetoric of Successful Social Theories," *Philosophy of Social Sciences,* 16: 285-301.

Denscombe, M. (2009) *Ground Rules for Social Research* (2nd ed). Open University Press.

De Vaus, D. (2001) *Research Design in Social Research.* SAGE.

Duncan, O. D. (1984) *Notes on Social Measurement: Historical and Critical.* Russell Sage Foundation.

Eccles, J. and Wigfield, A. (2002) "Motivational Beliefs, Values and Goals," *Annual Review of Psychology,* 53: 57-75.

Farrugia, P., Petrisor, B. A., Farrokhyar, F., and Bhandari, M. (2010) "Research Questions, Hypotheses and Objectives," *Canadian Journal of Surgery,* 53 (4): 278-281.

Fischer, D. H. (1970) *Historians' Fallacies: Toward a Logic of Historical Thought.* Harper & Row.

Gerring, J. and Yesnowitz, J. (2006) "A Normative Turn in Political Science?" *Polity,* 38 (1): 101-133.

Glasman-Deal, H. (2020) *Science Research Writing for Native and Non-native Speakers of English* (2nd ed). World Scientific.

Griswold, W. (2012) *Cultures and Societies in a Changing World*. SAGE.

Halperin, S. and Heath, O. (2017) *Political Research: Methods and Practical Skills* (2nd ed). Oxford University Press.

——— (2020) *Political Research: Methods and Practical Skills* (3rd ed). Oxford University Press.

Hamblin, C. L. (1967) "Questions," in Edwards, P. (ed.) *The Encyclopedia of Philosophy Vol. 7*. Macmillan and the Free Press, pp. 49–53.

Harrison, M. (1993) "Soviet Economic Growth since 1928: The Alternative Statistics of G. I. Khanin," *Europe-Asia Studies*, 45 (1): 141–167.

International Monetary Fund, The World Bank, Organisation for Economic Co-Operation and Development, and European Bank for Reconstruction and Development (1991) *A Study of the Soviet Economy Vol. 1*. IMF.

McMullen, J. S. and Shepherd, D. A. (2006) "Encouraging Consensus-Challenging Research in Universities, " *Journal of Management Studies*, 43 (8): 1643–1669.

MacIver, R. M. (1942) *Social Causation*. Ginn and Company.

Medawar, P. (1958) "Hypothesis and Imagination," In *The Art of the Soluble*. Methuen & Co., pp. 131–155.

——— (1964) "Is the Scientific Paper a Fraud?" In D. Edge (ed) *Experiment: A Series of Scientific Case Histories*. British Broadcasting Corporation, pp. 7–12.

Merton, R. K. (1959) "Notes on Problem-Finding in Sociology." In Merton, R. K., Broom, L., and Cottrell, L. S. (eds.) *Sociology Today Volume 1*. Harper, pp. ix–xxxiv.

Miles, M. B. and Huberman, A. M. (1994) *Qualitative Data Analysis: An Expanded Sourcebook* (2nd ed). SAGE.

Mintzberg, H. (2004) *Managers not MBAs: A Hard Look at the Soft Practice of Managing and Management Development*. Berrett-Koehler Publishers.

Mohebbi, H. and Coombe, C. (eds.) (2021) *Research Questions in Language Education and Applied Linguistics: A Reference Guide*. Springer.

Mullaney, T. S. and Rea, C. (2022) *Where Research Begins: Choosing a Research Project that Matters to You*. University of Chicago Press.

Patton, M. Q. (2002) *Qualitative Research & Evaluation Methods* (3rd ed). SAGE

Parsons, T. (1937) *The Structure of Social Action Vol. I*. Free Press.

Popper, K. (1945) *Open Society and Its Enemies Vol. II*. Routledge.

Portes, A. (1998) "Social Capital: Its Origins and Application in Modern Sociology," *Annual Review of Sociology*, 24: 1–24.

Pratt, M. G. (2009) "For the Lack of a Boilerplate: Tips on Writing up (and Reviewing) Qualitative Research," *Academy of Management Journal*, 52 (3):

856–862.
Ragin, C. C. (1992) "Introduction: Cases of 'What is a Case?'," In Ragin, C. C. and Becker, H. S. (eds.) *What is a Case? Exploring the Foundations of Social Inquiry*. Cambridge University Press, pp. 1–17.
Rapley, T. (2022) "Developing Research Questions: The Social Lives of Ideas, Interests and Questions." In Flick, U. (ed.) *The Sage Handbook of Qualitative Research Design*. SAGE, pp. 257–272.
Rumelt, R. (2017) *Good Strategy, Bad Strategy*. Profile Books.
Sato, I. (1991) *Kamikaze Biker: Parody and Anomy in Affluent Japan*. University of Chicago Press.
Silverman, D. (2019) *Interpreting Qualitative Data* (6th ed). SAGE.
Singleton, R. A. and Straits, B. C. (2017) *Approaches to Social Research* (6th ed). Oxford University Press.
Sollaci, L. B. and Pereira, M. G. (2004) "The Introduction, Methods, Results, and Discussion (IMRAD) Structure: A Fifty-year Survey," *Journal of the Medical Library Association*, 92 (3): 364–367.
Starr, P. (1983) "The Sociology of Official Statistics," In Alonso, W. and Starr, P. (eds.) *The Politics of Numbers*. Russell Sage Foundation.
Suddaby, R. (2006) "What Grounded Theory is Not," *Academy of Management Journal*, 49 (4): 633–642.
White, P. (2009) *Developing Research Questions: A Guide for Social Scientists*. Palgrave.
——— (2013) "Who's Afraid of Research Questions? The Neglect of Research Questions in the Methods Literature and a Call for Question-led Methods Teaching," *International Journal of Research & Method in Education*, 36 (3): 213–217.
——— (2017a) *Developing Research Questions: A Guide for Social Scientists*. (2nd ed). Palgrave.
——— (2017b) "Research Questions in Education Research," In Wyse, D., Selwy, N., Smith, E. and Suter. L. E. (eds.) *The BERA/SAGE Handbook of Educational Research. Volume 1*. SAGE, pp. 180–202.
Yin, R. (2018) *Case Study Research and Applications: Design and Methods*. SAGE.

ちくま新書
1826

リサーチ・クエスチョンとは何《なに》か？

二〇二四年一一月一〇日　第一刷発行
二〇二五年　五月一〇日　第五刷発行

著者　佐藤郁哉（さとう・いくや）
発行者　増田健史
発行所　株式会社 筑摩書房
東京都台東区蔵前二-五-三　郵便番号一一一-八七五五
電話番号〇三-五六八七-二六〇一（代表）
装幀者　間村俊一
印刷・製本　株式会社 精興社

ISBN978-4-480-07656-4 C0230

ちくま新書

399
教えることの復権
大村はま・苅谷剛彦・夏子

詰め込みかゆとり教育か。今再びこの国の教育が揺れている。教室と授業に賭けた一教師の息の長い仕事を通して、もう一度正面から「教えること」を考え直す。

1014
学力幻想
小玉重夫

日本の教育はなぜ失敗をくり返すのか。その背景には、子ども中心主義とポピュリズムの罠がある。学力をめぐる誤った思い込みを抉り出し、教育再生への道筋を示す。

1337
暴走する能力主義
――教育と現代社会の病理
中村高康

大学進学が一般化し、いま、学歴の正当性が問われている。〈能力〉のあり方が揺らぐ現代を分析し、私たちが生きる社会とは何なのか、その構造をくっきりと描く。

1354
国語教育の危機
――大学入学共通テストと新学習指導要領
紅野謙介

二〇二一年より導入される大学入学共通テスト。高校国語教科書の編集に携わってきた著者が、そのプレテスト問題を分析し、看過できない内容にメスを入れる。

1451
大学改革の迷走
佐藤郁哉

シラバス、ＰＤＣＡ、ＫＰＩ……。大学改革にまつわる政策は理不尽、理解不能なものばかり。なぜそういった改革案が続くのか？　その複雑な構造をひもとく。

1511
学力格差を克服する
志水宏吉

学力格差の実態はどうなっているのか？　それを克服するにはどうすればよいのか？　「学力保障」の考え方や学校の取り組みなどを紹介し、解決に向け考察する。

1549
日本の教育はダメじゃない
――国際比較データで問いなおす
小松光・ジェルミー・ラプリー

「いじめや不登校」「ゆとり教育の失敗」……日本の教育への数々の批判は本当なのか？　気鋭の２人が国際比較データを駆使して教育問題に新たな視点を提供する。

ちくま新書

294 デモクラシーの論じ方
——論争の政治
杉田敦
民主主義、民主的な政治とは何なのか。あまりに基本的と思える問題について、一から考え、デモクラシーにおける対立点や問題点を明らかにする、対話形式の試み。

465 憲法と平和を問いなおす
長谷部恭男
情緒論に陥りがちな改憲論議と冷静に向きあうには、そもそも何のための憲法かを問う視点が欠かせない。この国のかたちを決する大問題を考え抜く手がかりを示す。

655 政治学の名著30
佐々木毅
古代から現代まで、著者がその政治観を形成する上でたえず傍らにあった名著の数々。選ばれた30冊は混迷を深める時代にこそますます重みを持ち、輝きを放つ。

905 日本の国境問題
——尖閣・竹島・北方領土
孫崎享
どうしたら、尖閣諸島を守れるか。竹島や北方領土は取り戻せるのか。平和国家・日本の国益に適った安全保障とは何か。国防のための国家戦略が、いまこそ必要だ。

960 暴走する地方自治
田村秀
行革を旗印に怪気炎を上げる市長や知事、地域政党。だが自称改革派は矛盾だらけだ。幻想を振りまき混乱に拍車をかける彼らの政策を分析、地方自治を問いなおす！

984 日本の転機
——米中の狭間でどう生き残るか
ロナルド・ドーア
三〇～四〇年後、米中冷戦の進展によって、世界は大きく変わる。太平洋体制と並行して進展する中東の動きを分析し、徹底したリアリズムで日本の経路を描く。

1111 平和のための戦争論
——集団的自衛権は何をもたらすのか？
植木千可子
「戦争をするか、否か」を決めるのは、私たちの責任になる。集団的自衛権の容認によって、日本と世界はどう変わるのか？　現実的な視点から徹底的に考えぬく。

ちくま新書

606
持続可能な福祉社会
——「もうひとつの日本」の構想
広井良典
誰もが共通のスタートラインに立つにはどんな制度が必要か。個人の生活保障や分配の公正が実現され環境制約とも両立する、持続可能な福祉社会を具体的に構想する。

659
現代の貧困
——ワーキングプア／ホームレス／生活保護
岩田正美
貧困は人々の人格も、家族も、希望も、やすやすと打ち砕く。この国で今、そうした貧困に苦しむのは「不利な人々」ばかりだ。なぜ？ 処方箋は？ をトータルに描く。

710
友だち地獄
——「空気を読む」世代のサバイバル
土井隆義
周囲から浮かないよう気を遣い、その場の空気を読もうとするケータイ世代。いじめ、ひきこもり、リストカットなどから、若い人たちのキツさと希望のありかを描く。

772
学歴分断社会
吉川徹
格差問題を生む主たる原因は学歴にある。そして今、日本社会は大卒か非大卒かに分断されてきた。そのメカニズムを解明し、問題点を指摘し、今後を展望する。

784
働き方革命
——あなたが今日から日本を変える方法
駒崎弘樹
仕事に人生を捧げる時代は過ぎ去った。「働き方」の枠組みを変えて少ない時間で大きな成果を出し、家庭や地域社会にも貢献する新しいタイプの日本人像を示す。

802
心理学で何がわかるか
村上宣寛
性格と遺伝、自由意志の存在、知能のはかり方……。これらの問題を考えるには科学的方法が必要だ。俗説や疑似科学を退け、本物の心理学を最新の知見で案内する。

817
教育の職業的意義
——若者、学校、社会をつなぐ
本田由紀
このままでは、教育も仕事も、若者たちにとって壮大な詐欺でしかない。教育と社会との壊れた連環を修復し、日本社会の再編を考える。

ちくま新書

1242
LGBTを読みとく
――クィア・スタディーズ入門
森山至貴
広まりつつあるLGBTという概念。しかし、それだけでは多様な性は取りこぼされ、マイノリティに対する差別もなくならない。正確な知識を得るための教科書。

1371
アンダークラス
――新たな下層階級の出現
橋本健二
就業人口の15%が平均年収186万円。この階級の人々はどのように生きているのか？　若年・中年、女性、高齢者とケースにあわせ、その実態を明らかにする。

1422
教育格差
――階層・地域・学歴
松岡亮二
親の学歴や居住地域など「生まれ」によって、子どもの学歴・未来は大きく変わる。本書は、就学前から高校まで教育格差を緻密に検証し、採るべき対策を提案する。

1436
教え学ぶ技術
――問いをいかに編集するのか
苅谷剛彦
石澤麻子
オックスフォード大学の教育法がここに再現！　論理をいかに構築するのか？　問いはどうすれば磨かれるのか？　先生と学生との対話からその技術を摑み取れ。

1489
障害者差別を問いなおす
荒井裕樹
「差別はいけない」。でも、なぜ「いけない」のかを言葉にする時、そこには独特の難しさがある。その理由を探るため差別されてきた人々の声を拾い上げる一冊。

1528
レイシズムとは何か
梁英聖
「日本に人種差別はあるのか」。実は、この疑問自体が差別を生み出しているのだ。「人種」を表面化させず、差別を扇動し、社会を腐敗させるその構造に迫る。

1530
メディア論の名著30
佐藤卓己
広く知られる古典から「読まれざる名著」まで、メディア研究の第一人者ならではの視点で解説。ウェブ時代にあってメディア論を深く知りたい人にとり最適の書！

ちくま新書

002 経済学を学ぶ　岩田規久男
交換と市場、需要と供給などミクロ経済学の基本問題から財政金融政策などマクロ経済学の基礎までを、現実の経済問題に即した豊富な事例で説く明快な入門書。

565 使える！ 確率的思考　小島寛之
この世は半歩先さえ不確かだ。上手に生きるには、可能性を見積もり適切な行動を選択する力が欠かせない。確率のテクニックを駆使して賢く判断する思考法を伝授！

581 会社の値段　森生明
会社を「正しく」売り買いすることは、健全な世の中を作るための最良のツールである。「M＆A」から「株式投資」まで、新時代の教養をイチから丁寧に解説する。

619 経営戦略を問いなおす　三品和広
戦略と戦術を混同する企業が少なくない。見せかけの「戦略」は企業を危うくする。現実のデータと事例を数多く紹介し、腹の底からわかる「実践的戦略」を伝授する。

701 こんなに使える経済学 ――肥満から出世まで　大竹文雄編
肥満もたばこ中毒も、出世も談合も、経済学的な思考を上手に用いれば、問題解決への道筋が見えてくる！ 経済学のエッセンスが実感できる、まったく新しい入門書。

785 経済学の名著30　松原隆一郎
スミス、マルクスから、ケインズ、ハイエクを経てセンまで。各時代の危機に対峙することで生まれた古典には混沌とする経済の今を捉えるためのヒントが満ちている！

822 マーケティングを学ぶ　石井淳蔵
市場が成熟化した現代、生活者との関係をどうデザインするかが企業にとって大きな課題となる。著者はここを起点にこれからのマーケティング像を明快に提示する。